歩く、見る、待つ

ペドロ・コスタ映画論講義

Ver, ouvir, caminhar, esperar. Conferências sobre cinema por **Pedro Costa**

ソリレス書店

歩く、見る、待つ

ペドロ・コスタ映画論講義

Ver, ouvir, caminhar, esperar. Conferências sobre cinema por **Pedro Costa**

序

私たちの糧となる言葉との出会い

諏訪敦彦

二〇一〇年、東京造形大学の客員教授としての初めての授業となるペドロ・コスタ氏の特別講座が開催された日のあの教室の光景を、私は今も忘れることができない。

東京都とはいえ、里山にスッポリと囲まれ、俗世間からは隔絶したような静かなキャンパスの教室に、まずペドロ（友情を込めてそう呼ばせていただきたい）を迎える椅子が置かれ、それをぐるりと取り囲むようにいくつかの椅子が並べられ、私のゼミの学生たちが座った。開講時間が近づくとその椅子が同心円状にどんどん広がり、気がつくと学内外からたどり着いたたくさんの人々で広い教室が埋め尽くされた。

講義が開始されると、低く静かに響くペドロの声が教室を満たし、真剣に聞き入る人々の視線がじっと彼に注がれ、対話が始まる。

学生による拙い進行のもとで、投げかけられるペドロへの質問がどのように突飛なものであっても、その質問を慎重に受け取り誠実に思考し答えようとするひとつひとつの言葉と彼の態度が、教室にいる人々との信頼関係を形作ってゆく。

講義の様子をふらりと見に来た大学の職員が（おそらく彼はペドロ・コスタの映画など見たことはなかったであろう）思わずその光景に引き込まれ、「ああ、これが本来の大学の姿ですね」と私につぶやいてくれたのを覚えている。教育の現場ではアクティヴ・ラーニングとか、ＩＣＴ教育とか教育効果を高めるツールに関心が集まり騒がしいが、パワーポイントもプロジェクターもなく、ただひとりの人の話に聞き入り対話するだけの授業がこれほど豊かな空間を作り出すことを目の当たりにして、私は感嘆したのだった。

彼に客員教授を依頼した経緯はシンプルなものだった。「私の大学の客員教授になってほしい。特に義務はないが時折学生たちと話してほしい」と私。「ＯＫ」とペドロ。それだけだ。

私はただ映画を学ぼうとする学生たちに彼に会ってほしいと思っただけだった。「作者ではなく作品が重要なのだ」と嘯くことも可能だろう。しかし、ペドロのあの強靭さと厳格さを持つ映像が、ペドロという人そのもの、どのようにして人間や世界と接するかというその態度によって紡ぎ出されていることを眼前にして欲しかった。映画は単なる美意識や、映画的知識や、技術によって作られるのではなく、「生きものの仕事である」ことを知って欲しかったのである。

学生たちは、事前に彼の作品を見て講義のテーマや進行を検討し、最初の質問となる手紙を書いて彼に送った。

ペドロ・コスタ様

この度は、はるばるポルトガルから東京造形大学の講義に参加していただきありがとうございます。今回の講義について現段階で私たちが考えていることをお伝えしようと思い、手紙を書かせていただきました。

私たち東京造形大学の学生は、今回「制作と生活」というテーマを掲げ、まず自分たちの中で議論をしました。すると議論の中で様々な意見、考えが出てきました。ある人は「卵をフライパンに落とすことと、何かを制作するということは常につながっているはずだ」という意見を述べ、ある人は、「本来、作品を作ることは生きるということと隣り合わせなもののはずだが、それは一般的に区別されやすい」という意見を述べ、またある人は、「映画において、監督が現場に生活を持ち込むことはつまり、プライベートな部分を見せる、あるいはプライベートな部分で役者やスタッフと接するということであり、それは監督をする場合怖いことでもある」といった意見を述べていきました。私たちは「制作と生活」というテーマで議論をすることで、このテーマが映画だけでなくあらゆる「制作」に関係していること、また、今後制作に携わる上でそれぞれが逃れることの出来ない主題であることを再確認しました。同時に、この問題についてはっきりとした答えを見つけ出すことも出来ませんでした。

今回の講義では、ペドロ・コスタ監督と私たち学生たちとの対話を中心に展開していこうと考えています。その中で、上記した学生たちの考えも踏まえて様々な方向からこの問題にアプローチし、監督の意見をお聞きしたいと考えています。同時に、この根深い問題に対して無理に結論を出すことはせず、それぞれが自分自身の問題として「制作と生活」について考える場になることを望んでいます。当日はよろしくお願いいたします。

東京造形大学　諏訪ゼミナール一同

美術大学で学ぶ学生にとって、制作することと生活することをどのように切り結ぶのかは、具体的で切実なことがらであるだろう。ただそれ以上の問題としてあったのは、「私が生きていること」とは無関係な映画が横行し、「マクドナルドのように誰にでも入り口を開いている」とペドロが言う映画を人々が「これが映画だ」と認めていることだ。それに直面する時彼らのささやかな希望は打ち砕かれる。映画を作るとは私たちが生きている世界を見つめることだ、という考えを共有していた当時の造形大学のゼミの学生たちがペドロに書き送った言葉には、「映画に希望はないのか？」と問いかける真剣な思いがあっただろう。

「学校とは、外部の悪意に満ちた意識から守られた場所だが、映画の世界は悪夢のような、汚い、残酷な仕事なのだ」という学生の意表をつく言葉とともに濃密な彼との対話が始まる。おそらく映画学校と呼ばれる場所では、その悪夢のような「映画の世界」から目を背け根拠のない希望を見せつけるか、あるいは必要以上に残酷さを誇張し学生をか弱い子羊として扱おうとするかのどちらかである。彼の厳しい言葉は、映画があるいは世界が決して希望に満ちたものなのではなく、深く傷つき瀕死であることに半ば絶望しながら、それでも私は生きており、映画は私をそして世界を救うことができるかもしれないという切なる希望を指し示すように響いていた。

言葉は言葉でしかない。それでも、その言葉を謎として、あるいは糧として一生携えてゆく、そのような言葉との出会いというものがある。この日のペドロの言葉が、ほんの数人にでも、そのような大切な言葉として残ることを私は期待したのだった。

そして、この言葉たちがこうして文字となって、また若い映画人たちと出会うこと、出会い続けることを私は心から祝福したいと思う。

目次

序　私達の糧となる言葉との出会い　諏訪敦彦　2
講義Ⅰ　9
講義Ⅱ　35
講義Ⅲ　67
講義Ⅳ　93
監督プロフィール＆フィルモグラフィ　164
編者あとがき　言葉の切り開く像　土田環　172

講義 I

2010.7.28

東京造形大学

講義Ⅰ

二〇一〇年七月二八日
東京造形大学

学生　この講座に先立って、私たち学生からコスタ監督に手紙を送りました。私たちがこの講座のテーマとして決めた「制作と生活」について、監督に問いかけたい内容をあらかじめお伝えしておきたかったからです。

コスタ　丁寧な手紙をありがとうございます。今日はできるかぎり皆さんから投げかけられたテーマについて話し合っていきたいと思います。諏訪敦彦さんにお礼を申し上げたいと思います。彼は最初に友人になった日本の映画作家でもあります。彼の作る映画には強い刺激を受けています。諏訪さんが教鞭を執られているこの空間で、同じ時間を共有できることを嬉しく思います。そして、今日この機会を設けてくださった学生の方々、皆さんのご厚意によってここに招かれたことに心から感謝しています。

まず、最初に申し上げておきたいのは、学校あるいは大学という場所はある困難な問題を孕んでいると私が考えているということです。というのも、教育機関とは、その外部に広がるあらゆる悪意から保護された空間でもあるからです。

私はリスボンの映画学校で映画を学びましたが、そもそも学校という場所において果たして映画というものを学ぶことができるのか、つねに疑いを抱いていました。私が学校にいたのは、例えばフィルムの現像や映画撮影の方法など、技術的な要素を学ぶことだけが理由でした。映画史や理論に関することにはまったく興味がありませんでした。入学以前より、古典から新作まで映画は観てきていましたし、それで十分だと考えていたからです。

それでもなお、人生にはチャンス、幸運なめぐり会いというものが訪れることがあります。このチャンスこそが、実は映画のなかで非常に大きな要素を占めるのです。私が学校に通っているあいだにポルトガルで革命[*1]が起こりました。兵士も人民も街中に出ていって革命に参加した軍事クーデターでした。私自身はアナーキストでしたが、赤と黒の色彩が路上にあふれる革命の空気のなかで、学校を批判し解体する気運が高まっていたのです。このポルトガルで起こった革命は結局失敗に終わりますが、この革命が続いていた二年から三年の期間、これが私にとっては重要な時間でした。私は音楽にも興味があってギターを弾いていました。パンクロックをやりながら政治的で実験的な音楽を創作していくことも考えましたが、最終的には映画を選択しました。その時期に、アントニオ・レイス[*2]という教師に私は出会ったのです。映画作家で詩人でもあったレイスは後に私の人生の師とも言うべき存在となるのですが、進行しつつある革命のなかで、既に二、三本の映画を撮っていたそのレイスを初めて知ったことで、私は映画を作り続けていく勇気を得たのだと思います。皆さんが同じような状況に遭遇するかどうかは分かりません。日本で革命が起こることもないと思いますが、少なくともここに諏訪さんがいるということを考えれば、この場所は非常に恵まれているのではないかと思います。

学校を出た後に、私は、制作部でのアシスタントや助監督などの職を七年間務めました。映画の世界に入ってみて分かったのは、はっきり言えばそこは悪夢あるいは地獄のようなものだということでした。役者をホテルに出迎えに行ったり、サンドイッチを届けたりといったことが仕事の大半でした。非常に政治的な人間で元々ギターや詩に興味があった自分からすれば、映画界に初めて入った時の仕事はきつくて辛くて残酷なものでした。映画との最初の接触は、創造行為という意味ではまったく何ももたらしてはくれませんでした。アシスタントをこのまま続けていくべきなのだろうか、これが自分にとって良い人生となるのだろうか、そのような疑問を持ったのです。

皆さんにとっても想像しやすいものではないでしょうか。映画作りを続けたいけれども、様々な理由でそれができない。制作費がない、プロデューサーが独裁的に振る舞う、役者が言うことを聞かない。まるでサーカスのような状況が繰り広げられるなかで、戦っていかなければならない。そこでパニックに陥ったり、涙に暮れてしまう人もいるでしょう。こうした映画界につきあい続けることの意味を考えてしまうわけです。

ですから、皆さんに対して映画について熱く語ることが非常に難しいのです。いただいた問いに答えるにあたって、その前提となる私の視点をまず簡単に述べておきたいと思います。映画とはお金だ、ということです。人にお金を払わなくてはならない、金銭関係がその土台にある。お金にまつわるありとあらゆる力が蠢く、汚らわしい仕事であることを承知しなければならないのです。映画は他のどの芸術よりも不正に満ちあふれているのではないかと私は感じています。プロデューサーからの圧力、映画制作を取り巻く過酷な状況によって深く傷つき、道半ばで身を持ち崩してしまった監督たちを何人も知っています。そうした悲惨な事態が、すべての芸術のなかでも映画において最も多くみられるのではないでしょうか。悪意に満ちた厳しい状況に直面し、気弱いがゆえに力尽きてしまう人々を多く目にしてきて私が思うのは、映画を作るのであればまず強くなければならないということです。強さというのは、肉体的、そして精神的、道徳的な強さのことです。美しいアイディアを持つことよりも健康な状態であることが重要だ、そのように思えるのです。

もう一点、私にとって大切なことを述べておきたいと思います。映画とは、私にとって芸術である以上に、現実的なものだということです。人生そのものだと言ってもいいかもしれません。映画は、私たちが暮らしている世界、さらにいえば人間の極めて近くにある存在です。意図せずとも現実を映してしまう。その点では、音楽や詩よりも現実と関係を持つことに適ったメディアではないかと考えています。シュルレアリスム的な作品や、夢やファンタジーを描くハリウッドの映画がそれを描くことを避けようとしても、リアルなものが画面に映ってしまうのです。私あるいは諏訪さんにとってもそう言えるのかもしれませんが、映画は不可避なものとして現実をそのなかに含むのです。

もし皆さんが映画を撮るのであれば、それぞれが取り結んでいる現実との関係について考える必要があるでしょう。目の前にあるもの、その現実と自分との関係を見つめてほしいのです。例えば、あなたがわずかばかりのお金を持っているとしましょう。だが、あちらにいる別の人はもっとお金を持っている。そのことを皆さんは不公平だと考えるでしょうか。こうした現実との関わり方を考察することが、芸術的なことを考えるよりも映画を作るうえで多くのことをもたらしてくれる、そのように私は思います。映画には芸術的な奥義、創造の秘密というものは存在しません。映画には真実しかないのです。そしてその真実というものは、皆さんそれぞれが世界に対してどのように対峙するのか、その方法にあるのではないかと思います。

私は、建築や彫刻がとても好きでよく見る機会があるのですが、それらを制作する作業は、映画制作の仕事に近いといえるのではないでしょうか。いずれもたいへん辛いハード・ワークです。綿密な設計図を描いた後に、かなり激しく身体を使う作業が待っている。そしてその工程においてまさに現実に直面しなければならない。数々の具体的な問題を解くことなしに、建物やオブジェが完成することはないのです。映画も同じです。短編でも何でも作ってみれば分かると思います。確固とした芸術的な思想がはじめにあって、そこから映画ができあがる、そのようなことが実際にあるでしょうか。私なりの言い方をすれば、「仕事」がそこになければ映画は立ち上がってこないのです。映画に芸術的な部分があるのだとしても、それは、たまたま運良く付随してくるものにすぎない、そのように強く思うのです。

これまで述べてきたことを確認しておきましょう。ひとつ目は、映画が生み出すものとは、決して芸術的なものに由来するのではないということ。ふたつ目は、私がつねに気にかけていることでもありますが、映画を作る際にはあらゆることを現実的な問題として想定し、考え抜かなければならないということです。撮影のために必要な車輌や三脚、あるいはサンドイッチの包み紙がちゃんと揃っているか、どれだけのお金が手元に残っているのだろうか……通常、プロダクションと呼ばれる作業の方が、創造的と思われる活動よりも遥かに大きな比重を占めて、撮影の現場で私たちの前に立ちはだかってくるのです。もしかしたら私の後ろに犬が寝ているかもしれない、その犬がいつ目覚めて鳴き始めるかもしれない。だからこそ、そうなる前に、具体的な対応策を練っておかなくてはならないのです。

学生　監督は私たちと同じ年齢の頃に革命を体験され自分の生き方を根本から探さなくてはならなくなったと思うのですが、その時の選択肢はいろいろとあったと思います。映画以外の表現方法があったかもしれないし、芸術ではなくて政治的な活動に向かうこともできたのではないか。そこでなぜ映画監督としての道を選ぶことになったのでしょうか。

コスタ　先ほども言いましたが、私は幼い頃からひとりで映画館に通い映画をたくさん見てきました。子どもから大人になるまでいくつかの段階があるかと思いますが、ある年齢の時に映画館で映画を見るとその体験は魔術のようなものとして機能することがあるのではないでしょうか。私が幼少期から見てきた映画への熱狂や情熱は、最初の長編作品『血』に結実していると思います。映画は、子どもに強い恐怖心を与えることもあれば、好奇心を刺激する経験を与えてくれるものだと思うのですが、そこには濃密な何かが存在しているのです。

最終的に、私は映画を選択しました。その理由を説明することは難しいのですが、映画を作ろうと決意することで映画を選択したのだと思います。その時、何かを非常に強く感じたのです。それは愛と似通っているものかもしれません。映画に対する激しく熱狂的な感情、その強さこそが必要なものだったのだと思います。実際には、そうした情熱に駆られた状態でつねにあり続けることはできません。そのことに気づく時、人はその弱さから絶望することもあるでしょう。ただし、少なくともこの強さを持つことがなければ、映画を選択することはなかったのだと思います。

映画は私に非常に多くのものを約束してくれました。社会のあり方であるとか、人間との接し方、さらにいえば女性の愛し方、そういった多くのものを映画から学びました。他人を愛するすべをひとつ知れば、それとはまた別の愛し方があることも知るのです。映画を観る経験が濃密なものとなるのは、こうした潜在的な生の可能性を現実のなかにもたらしてくれるからだと思います。映画を通して、人はじっさいに生そのものに繋がっているのです。

一般的に、社会とは、ものごとに秩序を与えるためのものだと考えられています。生を営むために、私たちは、政治的、経済的、あるいは道徳的な観点から決定を下し選択を行うのが普通でしょう。こうした判断を求められる際に、私は可能な限り公正な謙虚さを持って、真実に向き合い、選択に臨みたいと思っています。「制作と生活」というテーマに話を戻せば、生きることと作品が不可分な私にとって、映画が始まるのはまさにここからなのです。つまり、映画を作るとは、より良く生きたいと欲することなのではないか、そのためには、映画制作に対して責任を持たなければならないと私は考えています。

社会を変えていきたいという歴史的な文脈を辿れば、革命を求めるような破壊願望を映画はたしかに描き続けてきました。世にはびこる悪意を消し去ってしまいたい、システムそのものを壊してしまいたい、そうした欲求が映画自体にあるのかもしれません。しかし、私が映画において重要だと考えているのは、より良く生きることであり、そこには政治が介在しているという事実なのです。お見せする時間がありませんが、このことを理解するために参考になると思うのが、ロベルト・ロッセリーニ監督[*3]の『殺人カメラ』(一九五二)という作品です。それからウディ・ガスリー[*4]というギタリストの音楽も挙げておきましょう。

政治的なことと映画との関係についてもう少し発展させてお話ししたいと思います。今日は皆さんとともに美術大学と呼ばれる空間にいるわけですが、私にとって「政治的なもの」とは、そのような場所でしばしば問われるアヴァンギャルドなるものとは異なるものです。アヴァンギャルドとは先鋭的なものの追求であり、政治的にも革命的たろうとする運動です。しかし、あえて言えば、それはじっさいに機能しているのでしょうか。むしろ、保守的で反動的な人々こそ真に革命的なのではないだろうか。目の前にある現実をより良くするという意味において、映画というものは極めて保守的で反動的なものでなければならない、そのようにすら私は考えているのです。

現実の生を濃密なものとして、より良くするために作品を撮り続けたと私の考える、三人の映画作家の名前を挙げたいと思います。一人目は、ジョン・フォード[*5]というアメリカの映画作家です。私にとってこれほど偉大な映画作家はいません。フォードは、開拓した土地を先住民から守ろうとする白人の戦いを描いた西部劇を多く作ったので、「人種差別主義者」のように呼ぶ人もいるかもしれません。しかし、彼の作品は、私が先に述べたように、ひょっとしたら存在することがあり得るかもしれない世界を余すことなく見せてくれる、そういう映画なのです。二人目は、ロベール・ブレッソン[*6]です。フランスの映画作家ですが、極度にカトリック的な思想を持ち、じっさいに「恩寵」といったものを信じていました。神による天地創造さえ信じていた人かもしれません。ブレッソンもまた、ある濃密な世界を描こうとしていたのではないか。そして三人目として、小津安二郎[*7]を挙げたいと思います。皆さんもご存知だと思いますが、彼は映画において明らかに同じことを描き続けている。家族であったり、結婚であったり、伝統的なしきたりが彼のフィルモグラフィのなかで反復されます。その点では、小津も保守的な映画作家と見なされうるでしょう。ここで重要なのは、この三人が、それぞれ非常に反動的であると同時に革命的な手法で、世界の別の在り方を示してくれていることです。彼らの作品をご覧になれば、私たちの生きる現実の世界は、どこか汚らしく失敗したものに思えてくるはずです。映画の映し出す世界は、ここにある世界とはまったく別のものなのです。

今日、裏切りや虚言に満ちあふれた現実世界のありようは、断片的な様相を呈しています。人間や事物の関係は、断ち切られて有機性を失っています。キャメラという機械を介することによって、永続的なものをとらえる能力が本質的に備わっているのだとすれば、こうした現実に抗して、誠実にものごとを映し出すことが映画にはできるのではないでしょうか。映画は、世界に時間の厚みを与え返すメディアなのです。そして、こうした世界と映画との関係が、私が映画に取り組む信条そのものを築き上げるのです。

学生　現実と映画の向き合い方という点で質問をしたいと思います。監督の作品は、一般的な大衆映画はもちろん、イデオロギー的な政治映画とも一線を画しており、それと同時に、映画と物語とがそれぞれどちらにも従属していないかたちになっているように感じられます。映画と物語との関係はどのように取り結ばれているのでしょうか。またそこでは、現実に起こった出来事をそのまま映画に撮ることもされていないようにも見えるのですが。

コスタ　たいへん重要な質問だと思います。そして、お答えするのがとても難しい問題でもあります。というのも、物語と映画との関係、じっさいに起きた出来事や歴史的な事件について作品で取り組むこと、それらが提起する問題は、ひとり映画作家だけに関わる事柄ではないと思うからです。映画作家だけではなく、さらには芸術家だけの問題でもない。これはむしろ、知性を問わずすべての人々にとって同じように存在する問題だと思うのです。

リスボン市内のフォンタイーニャスと呼ばれる小さな地区でそこに住む人々と映画を制作するようになってから、次第に強く感じていることがあります。私自身が構想しているものなどよりも、被写体となっている住人たちが想像しているものの方が、遙かに大きな比重を占めて映画に関係しているという事実です。例えば、太陽の光は、私の想像力とは関係なくそこにあります。太陽の光が木に降り注いでいる。そこを犬が通る。それだけですでにそこに世界が存在しているのだと思います。そしてその世界はじっさいに起きた現実だけではなく、想像されたものから成り立つものでもあるように思うのです。他者だけが知っているものなのかもしれない。だからこそ、私は他人が想像していることに興味があるのです。そう考えるようになってから、映画のなかでは私自身の想像力を排していくようになりました。

それは、多くの要素を映画のなかに詰め込みすぎないということでもあります。現代の社会において、人々の意識は極めて散漫なものになってしまっています。一般的な映画においては物語が乱立し、視覚効果がみだらに使用されている。じっさいには、あきれるほど紋切り型で見苦しいイメージが満ち溢れているために、映画に映っているはずのものが見えなくなってしまっています。見る人を散漫な状態にさせることは、先ほど述べたような映画の本来的なあり方を考えてみれば、映画に対するある種の裏切りではないでしょうか。それといかに戦うかが、私の課題なのです。意識が散漫になり断片化されている時代のなかで、映画の役割は、人々の意識を何かに集中させることなのではないかと考えています。

演奏家は、具体的に書かれた楽譜をその通りに演奏するのがその仕事です。実践的な作業がとても重要になってきます。映画作家の仕事はそれにとてもよく似ています。何かに誠実であること、裏切ることなしに成し遂げることが問題なのです。想像力やアイディアから生まれるものは、じっさいに多くはありません。ひどい演奏をしている音楽家は、過剰に強く音を出していたり無理矢理な効果を付け加えたりしていて、誰でもひと目で分かるものです。つねに心にとめておきたいのは、誠実さなのです。

学生　今お話になっていた「誠実さ」ということに関連して質問をしたいと思います。フィクションであれドキュメンタリーであれ、キャメラで目の前のものを撮ることにおいて大きな違いはないと私は考えているのですが、それについてコスタ監督自身の考えをうかがえますか。

コスタ　フィクションとドキュメンタリーの差異はない——おっしゃる通りだと思います。付け加えると、じっさいにキャメラで撮られたものが、フィクションの対象であるのか、ドキュメンタリーの対象であるのかは、分かりようがありません。それがどちらになるのかは、恣意的な問題だと思います。

映画を撮る時に、ドキュメンタリーであるのかフィクションであるのかを問うよりも、具体的にはどのように撮ればよいのかと考えてみることの方がより実り多いものになるのではないでしょうか。朝に目覚めて、身支度をする光景を撮影するとします。鏡を見ながら、顔を洗うか髭を剃ろうかとしていて、ふと目を足下に落とす。足が床に着いているという、ただそのことに初めて気づく。この一連の流れはフィクションでもドキュメンタリーでもありません。単に、誰も気づかず、これまで撮られたことのない事柄であるに過ぎません。しかし、そこには幾千、幾万もの物語が紡がれる可能性が秘められているのではないか。映画というメディアはとうの昔に死んでいると唱える人もいますが、私に言わせれば映画はまだまだ先史時代にあるようなものです。つまり、足が床に着いているその事実は、いまだ映画には撮られていない。そこには世界の歴史というものが、手垢のつかない状態で残されているのではないでしょうか。

こうした問いかけは、文学のなかでなされてきたことです。マルセル・プルースト[*8]の『失われた時を求めて』という作品は、先ほど私が言ったことを探求するものだったと思います。その試みを前にして、ブレッソンも小津もゴダール[*9]も、じっさいにはまだ映画が撮れていないのです。私は楽観的なのかもしれません。だからこそ、足を床に着けてみる。そのことによって開かれるいくつもの物語があることをもう少し考えてみたいのです。

学生　映画を制作する際のプロセスについてお聞きしたいと思います。ご自身で作った映画を作り終わった後にもう一度見直すということはありますか。

コスタ　私の映画撮影の方法は、あえていえば職人的なものなのです。つまり自分でそのすべてを行うのです。衣服作りに喩えれば、着る人の寸法を測ってシャツを作る仕立屋と、現代のスタイリストとの違いではないでしょうか。かつて、私はどちらかと言えばスタイリストに近い立場だったと思います。しかし、現在の私は小さなオーダーメイドの仕立屋をひとりで営んでいるようなものなのです。普通に考えれば逆行のようにとらえられるわけですが、スタイリストから仕立屋への転換には、多くの時間を要しました。かつては何を撮ってもいつも「私」が中心にあって、自分自身をどこかで賞賛したかったのだと思います。しかし現在では、私の映画に映っている人々、その多くは労働者となりますが、彼らに対して心からの敬意をもって接することができるようになりました。このような仕事の姿勢をこれから変えるつもりはありません。

こうした職人的な仕事の方法を選択した今、自分の映画を完成後に見ようと思うことはほとんどありません。デジタルとアナログとの間の互換性が高まり、マスターを作成してテレビやDVDのために変換作業をしていくためにどうしても見返す必要に迫られる機会が増えたことは事実です。しかし、そうしたこと以外に自分の映画を見直すことはありません。撮影をしている時ですら、チェックをしておきたいと思うことはあまりないのです。私は、小さなヴィデオ・キャメラを撮影に使用していますが、そこに付属しているモニターで撮影中に映像が見られます。私にとっては、それで十分です。かつてフィルムで撮影していた時代には、毎晩のように試写室でラッシュを見て仕上がりを確認していたわけですが、今ではそういうこともありません。靴や机などを作る職人の手仕事を想像してみてください。職人が自身で作り終えた手製品をじっくりと凝視してあれこれと反省するとして、それは一体何のためになるのでしょうか。ばかばかしくてそんなことはしないはずです。いつでも相手のために全力を尽くすだけであって、自分の腕を誇るために仕事をしたわけではないのです。

学生　私自身も映画を制作していますが、撮影中多くの人と関わるなかで何かを他人に強いてしまうことがなかなか避けられません。ところがコスタ監督の作品からは、力関係のようなものがあまり感じられません。撮影時に、どのように被写体やスタッフと接しているのでしょうか。

コスタ　人によって異なると思うので、各々が自分自身の手法を探さなければならないのだと私は思います。「手法」と申し上げましたが、これは芸術的なスタイルのことではありません。他者に対する接し方について話しているのです。現在、多くの映画監督が厳しい条件の下、ヴィデオで撮影をしています。こうした状況においては、固有の制作手法を見出すことがますます重要になってくると思います。

私自身の場合は、キャメラの前と後ろにあるものとのあいだに、どのようにすれば等しい関係を見つけることができるのか、つねに意識しています。キャメラの被写体になっているものと、キャメラの背後に立っている監督は、しばしばぶつかり合ってしまうからです。シーソーのようなものを考えてください。撮影を「する側」と「される側」が等しく釣り合うようになればなるほど、人に何かを強いることは段々と少なくなっていくのではないでしょうか。

私が映画の対象にして撮影をしている人々は「富」もなければ「教養」もありません。さらに言えば、映画というものを知っている人でもありません。映画に接触した経験がなかった人たちなのです。彼らが日々的確に把握しているのは、生きる糧としてのパンであり、彼らが職工として作っている机のようなものであって、とても素朴で単純きわまりないものなのです。だからこそ、私にとって映画を撮影するということは、単に映画を撮るということではなく、話すことでもあるのです。つまり、コミュニケーションそのものなのです。非常に困難な作業ですが、同時にそれを美しいと感じる時もあります。映画が人間的なものでもあるとするならば、彼らの営むことについて深く考え、互いに等価なものを見つけることこそが、私自身の映画作りの「手法」なのです。

『コロッサル・ユース』という私の映画のなかに、ヴェントゥーラという人が登場します。撮影の困難な場面がありました。私が苛立って、そのヴェントゥーラに向かって怒声を発してしまったことがあります。その時、冷静なヴェントゥーラはこう言ったのです。「少し待ってくれ。キャメラというものは、君のことを良く知っているわけでもなければ、僕のことを知っているわけでもない。キャメラがそこにあり、君や僕がいて、そして他の人たちがいる。キャメラは誰の奴隷でもないだろう。ただ単に、人間とキャメラがここに存在している。それが映画だ」。

少し抽象的な言葉に聞こえるかもしれませんが、映画制作において私の大切にするものを端的に示す言葉だと思います。私とあなたと彼ら、そうしたものしか、映画を撮影する現場にはいないのです。そしてキャメラは、それを操作する人のことも、撮られている人のことも、分かっているわけではない。そのこと自体をまず考えなければならない。そして、それを言ったのは、監督である私ではなく、被写体のヴェントゥーラだったのです。

訳註

1 カーネーション革命　一九七四年四月二五日にポルトガルで起きた軍事クーデター。アントニオ・サラザールらによる長期独裁体制を終結させた「リスボンの春」とも呼ばれ、左派勢力によって民主的体制が築かれる機運をもたらしたが、政治情勢のめまぐるしい変化により突然移民に強制帰還命令が下される事態が発生しており、カーボ・ヴェルデなどの旧植民地出身者らは不安に耐えることを強いられた。

2 アントニオ・レイス　António Reis, 1927-1992　詩人、映画監督。マノエル・ド・オリヴェイラの『春の劇』（一九六三）に助監督として参加して後、ポルトガルの国立映画学校で講座を受け持つ。作品に『ジャイメ』（一九七四）、『トラス・オス・モンテス』（一九七六）、『アナ』（一九八二）、『砂漠の薔薇』（一九八九）などがある。

3 ロベルト・ロッセリーニ　Roberto Rossellini, 1906-1977　イタリアの映画監督。作品に『ドイツ零年』（一九四八）、『イタリア旅行』（一九五四）、『ルイ一四世の権力奪取』（一九六六）、『ソクラテス』（一九七一）などがある。

4 ウディ・ガスリー　Woodrow Wilson "Woody" Guthrie, 1912-1967　アメリカ合衆国のフォーク歌手。大恐慌の時代に家族が離散し一〇代から日雇い労働者として全米を放浪した経験などから、貧困にあえぐ労働者を取材した歌や反体制的なプロテスト・ソングを多く発表する。代表曲に「我が祖国」「砂嵐のブルース」「ドレミ」などがあり、ボブ・ディランに強い影響を与えた。

5 ジョン・フォード　John Ford, 1894-1973　アメリカ合衆国の映画監督。作品に『アイアン・ホース』（一九二四）、『若き日のリンカン』（一九三九）、『黄色いリボン』（一九四九）、『捜索者』（一九五六）などがある。

6 ロベール・ブレッソン Robert Bresson, 1901-1999　フランスの映画監督。作品に『抵抗』(一九五六)、『スリ』(一九五九)、『バルタザールどこへ行く』(一九六六)、『少女ムシェット』(一九六七)などがある。

7 小津安二郎 1903-1963　日本の映画監督。作品に『大人の見る繪本生れてはみたけれど』(一九三二)、『父ありき』(一九四二)、『東京物語』(一九五三)、『秋日和』(一九六〇)などがある。

8 マルセル・プルースト Marcel Proust, 1871-1922　フランスの小説家。ジェイムズ・ジョイス、フランツ・カフカと並ぶ二〇世紀を代表する文学者のひとりであり、一九一三年より刊行された『失われた時を求めて』は、当初全三巻の予定であったがその特異な執筆スタイルから作品は膨れ上がり、全七巻の大長編となった。自伝的要素の強い同作は、第一次大戦前後の都市風俗をリアルに描きながら、主人公=語り手である〈私〉の記憶を経巡っていく緻密な構成を取っている。

9 ジャン=リュック・ゴダール Jean-Luc Godard, 1930-　フランス、スイス出身の映画監督。作品に『気狂いピエロ』(一九六五)、『ヒア&ゼア こことよそ』(一九七四)、『右側に気をつけろ』(一九八七)、『新ドイツ零年』(一九九一)などがある。

講義 II

2010.11.30

東京造形大学

講義Ⅱ

二〇一〇年一一月三〇日
東京造形大学

学生　ペドロ・コスタ監督をお招きして二回目となる今回の特別講座のテーマは、学生で話し合った結果、「多面体／一面の映画」というタイトルを設けることになりました。ペドロ・コスタ監督は、原美術館（東京）での展示準備のために現在来日中ですが、以前せんだいメディアテーク[*1]で映像を使ったインスタレーションを発表されています[*2]。講座のタイトルは、映写されるスクリーンを面として、それが上映される空間を多面体として捉えてみた時に、映画をどのように考えられるのかという問いを示すものです。映像はそこに陰影や色彩、物語を持たせることで、観る人に奥行きを感じさせることができますが、違う角度から見れば平面に当てられた光の粒子の集合でしかありません。映像をいったん相対化してみて、それがどのように特殊な空間を構成しているのかを議論しつつ、コスタ監督と私たちとの関係によって多面体の展開図を組み立てていけるように、このテーマを選択しました。

せんだいメディアテークで行われた展示の記録集[*3]を見ると、コスタ監督のインスタレーションは、ひとつの空間に二面のスクリーンを平行に設け、映像を同時に投射する形式をとっていますが、映画館でフィルムを上映する形態とよく似た構成をとっています。また、コスタ監督の映画は、ある固有の場所と役者そのものに徹底的に向き合うことから成り立っており、それを観る体験はインスタレーションを鑑賞することに、どこか通じているのではないかと思いました。

近年、アピチャッポン・ウィーラセタクン[*4]やツァイ・ミンリャン[*5]といった映画監督がヴィデオ・インスタレーションに取り組んでいます。映画とインスタレーションにおける創作の違いについてまずはうかがうことから始めたいと思います。

コスタ　インスタレーションという場合には、おそらく皆さんは現代美術におけるインスタレーション、あるいはヴィデオ・インスタレーションを前提にしているのではないかと思います。こうしたインスタレーションに対して、私はあえて距離を取っているつもりです。

　私自身、美術館やさまざまな場所で、ヴィデオ・インスタレーションを鑑賞することもあるのですが、映画作家によるそうした作品を観ると、がっかりとしてしまうことがほとんどです。あるいは、気分が悪くなることさえあります。というのも、そこで扱われているイメージは、映画作家にとって――少し言い方が乱暴ですが――ゴミのようなものであると思えるからです。つまり、映画の本編が別にあって、そこから余ったものを使ってインスタレーションを作りあげている場合が大半なのです。そのインスタレーション自体は、映画作家たちにとって真の到達点ではないような気がします。

　そこには、映画作家にとって深刻な危険が存在しています。この「危険」を「誘惑」という言葉に言い換えてもよいかもしれません。この誘惑は、映画を真剣に撮影している時には存在しないものです。つまり、映画作家がインスタレーションに取り組もうとすれば、どうしても映画の外側に頼らざるをえなくなるのではないでしょうか。それは演劇的なセノグラフィー[*6]に近いものだと思います。舞台装置によってまず見ている人を惹きつけ、その後に音やイメージというものがやってくる。映画の内側、つまり映画を構成する音やイメージよりも装飾《デコール》を先行させてしまうのです。

映画を撮る時には、音やイメージに先立つ思考があるのではないでしょうか。インスタレーションでは、同じ思考から出発したとしても、容易にそれを表現する方へ向かってしまいがちです。手足の動作や光の点滅を促すための小さなトリックや、技術的に鮮やかなものにアイディアが収斂してしまう。もちろん、私も映画を作る際には、そうしたことを意識しています。しかし、それよりも大切なことが他にあるのです。

映画における音やイメージと、現代美術のインスタレーションにおけるそれとは、基本的に性質が異なります。美術作家の好むインスタレーションでは、音やイメージを非一般化する行為が追求されていることが多い。先ほどお話しした装飾に関して言えば、映画にもセットという「装飾」ないしは「舞台装置」があるわけですが、これもまったく違うものだと考えています。つまり、映画において、周りの要素とともに機能することで初めて装飾が成立するのですが、インスタレーションにおける装飾の考え方は、むしろ、それのみが突出しているような印象があります。広告やモードなど、芸術とは別の要素が入っているからでしょうか。決して、そのこと自体が悪いとは思っているわけではありません。映画とインスタレーションは、社会的なものに対する距離感が異なっている。映画はもう少し孤独なものだと言ってしまうと、やや言い過ぎになるでしょうか。

感情的に言うつもりはありませんが、芸術が高尚なものであると世間で考えられているとすれば、映画は他の諸芸術よりも一段下に位置するものだと私は考えています。というのも、映画に描かれているのは、生きている人間や動物、路上の風景であり、そこで出くわす汚れたものまで映してしまうからかもしれません。映画とは、ごくつまらないもの、平凡なものなのです。小津安二郎のことを考えてみてもよいでしょう。インスタレーションで追求されるような技術や装飾とは、一切無縁の作品ばかりです。しかし、これは一般的に言えることだと思うのですが、「芸術的」と呼ばれる映画監督ではない人々の方が、むしろ先鋭的な試みを行っていることがあるのです。小津でもジョン・フォードでも、実際に芸術的な試みには関心がなかったからこそ、あれほど革新的な作品を生み出すことができたとは言えないでしょうか。逆に、芸術的な作品を作ろうとすればするほど、映画作家の鋭さは削がれてしまうような気がしています。ただし、諏訪さんや私も含めて、現代の映画作家たちが置かれている環境は、小津やフォードの時代とは異なっています。映画の観客と映画館の数が減少し、作品を発表する場が少なくなってきているのです。ですから、私も美術館と仕事をしています。

私にとって、姿勢という点では、美術の仕事も映画の撮影と何ら変わりのないものです。少なくとも、作業においてまったく違いはありません。けれども、そのなかで仕事をしながらも、私は美術館に「軽蔑」の念を抱いている。なぜならば、美術館には映画というものが存在していないからです。美術館が、芸術的に高く位置づけられているのだとすれば、私はその空間で映画と同じことをすることによって、そのヒエラルキー自体を変えようとしている、そのように言えるかもしれません。

ヴィデオ・アートと映画、その両方に取り組んでいる作家としてジャン＝リュック・ゴダールを挙げることができるかもしれません。ただし、ゴダールは例外的な存在です。どこに行っても同じことができてしまう、そういう作家です。ヴィデオ・アーティストのスティーヴ・マックイーン[*7]という人は、最近は長編映画を作るようになりましたが、映画の方はまったくひどい作品ばかりです。おそらく小津を観たこともないだろうし、自分が映画において何をしているのか、そういうことがまったく分かっていない。それはいったいなぜなのでしょうか。

繰り返しになりますが、インスタレーションあるいはヴィデオ・アートのような芸術作品を作ろうとする意図のなかに、芸術的でありたい、美学的でありたいという気持ちが、入り込んできてしまうということはないでしょうか。それは、とてもばかばかしいことだと思います。映画は、キャメラの前にある何かと向き合った時に、現実というものが介入してきます。ヴィデオ・インスタレーションは、いともたやすくそれを捨て去ってしまう。目の前にあるものを考慮に入れようとせず、ごく簡単にキャメラや自分たちの側に取り込んでしまうのです。現実と向き合い格闘するという、映画では決定的な作業を軽視してしまうのです。

また、映画においては編集作業を欠かすことはできません。イメージと音を繋ぎ合わせる、映画のモンタージュという概念は、非常に特殊なものであり、彫刻や絵画のなかにも用いられるモンタージュともまったく異なるものです。だからこそ、映画作家は、細心の注意を払って編集作業を行われなければならない。その一方で、インスタレーションはそこに重きを置いているのかといえば、具体的なイメージと音から離れて、抽象的な概念に向かってしまいがちです。端的に言えば、編集作業が、美術館やギャラリーのために実行されているとさえも言えるでしょう。それは、映画のモンタージュとはまるで関係ないのです。

学生　私は、芸術が偉大なものではなく、もっと身近なものだと考えています。有名なミケランジェロの作品を見ても、自分に近い何かを感じるからです。芸術が高い位置にあるものとみなすその考えはどこから来るのでしょうか。

コスタ　簡単に、個人的な意見を述べたいと思います。今日、絵画や演劇といった芸術は私たちの生きる世界のなかに存在しているのでしょうか。それらはもはや存在する意義がほとんど失われてしまっているのではないでしょうか。芸術に付随するものは、富裕層や限られた人たちのためだけに存在するようになってしまったように思われます。特にそれが顕著なのは批評の分野です。そこではいまだ一八世紀の芸術的な観念に基づいて批評活動が行われている。ばかばかしいことです。それに対して、映画は少なくとも存在しているし、存在し続けようとしています。何に対して存在し続けているのか。それは社会に対してです。多分すべての人間に対して存在はしていないかもしれない。だが、少なくとも商業的ときには政治的に映画はいまだに社会と関係し続けている。そこに映画が存在する価値があるのだと思います。

批評に対して批判的なことを言いましたが、美術において最良の批評家は、芸術家自身ではないかと考えています。セザンヌでもゴッホでもベーコンでもよいのですが、彼らが書いていることや話していることが、まさしく自分たちが行っている制作行為の省察になっている。対象との距離、あるいは色彩などについて実際に作品を作っている人たちが語る言葉がもっとも優れた批評なのであって、それ以外のいわゆる美術批評家と呼ばれる人々が書くものは非常にブルジョア的で、権力と結びついたものにすぎません。映画批評はといえば、映画作家で批評を書いているのはヌーヴェルヴァーグの作家たちを除けばとても少ないのですが、作家以外の人たちはさまざまなメディアを通じて自分が観た映画の批評をあちこちで書いている。若い人も含めて書き手の人数も多く、これは美術とは大きく異なる現象です。映画の場合には、多くの人間の批評的な行為が、そのように自然なかたちで存在しているのだと私は考えています。

映画批評のなかには、映画作品と同じくらい、あるいはそれ以上に美しいものが存在します。映画批評とは存在論に繋がるものだと私は考えていますが、それを成し得た最も偉大な映画批評家のひとりがアンドレ・バザン[*8]です。映画は、世界あるいは現実と私たちを近づけようとするものであって、批評もやはりそのことを理解していなければなりません。さもなければ、現実とかけ離れた高いところから芸術作品を見るようなブルジョア的な批評に陥ってしまうのだと思います。

現在書かれている美術批評の多くは、それ自体が読めないものになっていると思います。一部の人にしか分からないような哲学的な用語やコードが散りばめられていて、書かれた言葉は作品あるいは現実に向かうのではなく、それ以前に書かれたものの再生産をする身振りのためだけにあるのではないかと思います。そのために観客を美術から離れさせる結果を生んでしまっています。

学生　現実にキャメラを向けつつも、映画作品全体の構成を思考しながら撮影するからこそ優れた作品を撮ることができると考えることはできないのでしょうか。

コスタ　今、私の目の前に誰も座っていない椅子があるわけですが、ゴッホが描いた《ファン・ゴッホの椅子》という作品を皆さんご存知だと思います。ゴッホがこの作品を描いた時、彼は椅子だけを見つめていたのだと思います。椅子とその周りにある床や壁やドアとの関係を最初に考えるのではなく、その前にまず椅子そのものにまっすぐ向き合ったのです。そうすることによって、幾重の次元からなる別世界がその椅子に内在していることを発見していたはずです。ゴダールの映画はまさしくそのような眼差しからできています。

先ほど、フォードの名前を挙げましたが、彼もゴッホと同じように、つねに目の前にあるものに眼差しを向け、注視していた映画作家だと言えます。山々やネイティヴ・アメリカンたちとどのように向き合うのかをひたすら考えていた。目の前にある対象と自分との間にシンプルな関係を築き上げ、それによって彼の傑作群を作りあげていたのです。フォードは他のジャンルの芸術家たちよりも遥かに強い関係性そのものを構築することのできる人間でした。けれども、私たちはフォードとはまったく違う時代を生きており、不幸なことに目の前にあるもの自体から切り離されつつある世代に属している。芸術も批評も政治も関係を取り結ぶべき対象が見えにくくなってきており、それが今ますます進んでいます。

あるエピソードを紹介しておきましょう。キング・ヴィダー[*9]というアメリカの古典的な映画作家をご存知でしょうか。サイレントの時代にキャリアを始めて一九七〇年代まで活動を続けた、とても長命の監督です。ある日、学生がキング・ヴィダーを訪ねてインタヴューを行いました。今日、あなたの古い映画はシネマテークなどで上映されて評価も高く、ヴィデオソフトのようなかたちでもよく売れている、と話す学生にキング・ヴィダーは、自分の作品が過去にソフトとして売れていたならば、もっとよい作品を撮ることができたのに、と言ったのです。キング・ヴィダーは芸術のために作品を作っていたわけではありません。彼にとって映画制作はあくまで日々の仕事の一部でした。だからこそ、売れれば売れるほど、人々はそれを芸術的だと見なしてくれるだろうし、自分はよりよい映画を撮れる機会が得られるのだと言ったのでしょう。繰り返しになりますが、優れた映画作家はもともと芸術的な作品を撮ろうとしていたわけではありません。さまざまな位相で「現実」と向き合わなければならないのです。つねに目の前にある単純な日々の仕事について考えている、そのような存在なのです。

学生　日本では二〇歳になると法律上、成人として扱われます。成人式という通過儀礼も一応ありますが、今日大人であることの明確な定義はないと思います。コスタ監督の長編第一作『血』には、少年が青年に変わる印象的なシーンがあります。映画において「大人」はどのように描かれるものなのか、それをお聞きしたいと思います。

コスタ　大人になるということはどのようなことでしょうか。例えば、証明書のようなものが発給されて何かにアクセスができるようになること。何かを購入することが可能になったり、結婚ができるようになることでしょうか。法的にはそうしたことが「大人」になることを意味していると思うのですが、結局、それは経済的な独立性のみと関係しており、私はどうしてもここにブルジョア的な概念を嗅ぎ取ってしまうのです。

たしかに、『血』のなかに、父親が息子に対して「お前は急に大きくなりすぎだ」というような台詞を言う場面があります。それは、お前には大人になるのはまだ早い、という意味です。大人になるためにはその準備が必要なのであり、そうしたことから謎めいた儀式や父殺しのエピソードが私の映画のなかに出てくることになります。

古典的な映画作品には、「大人」というものが確かに存在していました。キング・ヴィダーの映画もそうです。小津やフォードやあるいは成瀬[*10]といった作家は大人の男性や女性を描いていました。しかし、その大人の存在は私たちの世代の映画においてはもう失われてしまったと思います。若者がつねにモンスターのようなものとして描かれるばかりで、大人を現在の映画のなかに見つけることはできません。大人だけではありません。労働者や農民そして犬のような動物も、もうそこには存在していないように私には感じられます。

では古典的な映画から知ることのできる大人とはどういう存在なのか。それは、「さようなら」あるいは「こんにちは」と言うことができる人間なのだと思います。小津やフォードの映画で大人はつねに「さようなら」「こんにちは」という言葉を口にしています。挨拶ができること、これが大人になるということではないかと私は考えているのです。きわめて些細なことのように思われるかもしれませんが、同時にこれはとても大事なことを示しています。大人について考える際には、まずこのことが私の頭に浮かぶのです。

大人になることは、より「人間」らしくなっていくための修練なのです。フリッツ・ラング[*11]の『ムーンフリート』（一九五五）をご存知でしょうか。この映画は、大人になる、人間になることを描いた非常に美しい作品です。

主人公は、ひとりの小さな少年です。この少年は大人になりたいと考えている。そこに貴族的な雰囲気を身にまとった盗賊が登場します。この大人は盗みを生業としながらも、社会的な成功を実現したいと考えている人物です。つまり、社会とその周縁の間で揺れながら、非合法的な行為をして生きる大人が子どもの前に現れ、ふたりは友情を結び、犯罪に巻き込まれながら様々なことを経験するのです。それが『ムーンフリート』という作品です。この映画の最後に、「さようなら」という言葉が発せられます。その挨拶を交わすために、ふたりの冒険を描くこの作品自体が存在しているのです。

すべての映画は、別れを告げるために存在するといっても過言ではないでしょう。私たちは実生活のなかでも、この「さようなら」という言葉を用いなければならない時があるわけですが、このさようならを言うための訓練となる点においては、映画だけに限らず、ゴッホの絵画も、モーツァルトやバッハの音楽、ベケット[*12]の文学であっても同じものだと思います。小津の最後の映画『秋刀魚の味』(一九六二)は、この言葉を映画と実人生においても言うために存在していたのだと思います。それは、決して悲しい感情を表すばかりではなく、むしろ、幸福と関わる言葉でもあるのです。

いささか詩的な説明となってしまったので、もう少し社会的な観点から大人になることの意味を考えてみたいと思います。大人になるということは何かを前にして責任があるということです。しかし、今日ほとんどの映画は責任をまったく無視して作られています。作られる価値のない映画がたくさん存在しすぎている。それはだめだ、おかしいと明言することが、大人が引き受けるべきひとつの責任だと思うのですが、そうした場面はほとんどありません。

責任とは、映画をじっさいに作る際に湧きあがるであろう、感情に対する責任です。かつてに比べれば、映画を作る際の責任がますます不要なものとされている。責任とは権利と結びついた言葉ですが、政治的な権利や、動物の権利なども問われることが少なくなってきています。いま存在することの権利がそうしたものに果たしてあるのでしょうか。この存在することの権利、逆に言えば、存在させることの責任というものについて、もう少し考えてみるべきでしょう。

ルイス・ブニュエル[*13]が、映画を作る際にしてはならないことを語ったことがあります。簡単にまとめれば、何か意図を持って映画を作ってはいけない、そこにあるものはそのままにせよ、ということを言っているのですが、そこでただひとつだけ彼は注釈を加えています。もし、河や小川を自分の映画で見せようと思ったならば、一世紀前にはそこで誰もが水浴びができたのだということを観客に分かるように描かなければならないと述べています。大人になるためには、存在しえたかもしれないものに対する想像が必要であることを表す言葉だと私は考えています。

私はインスタレーションを組み立てるために来日しています。責任ということに関して、先ほど言ったことの繰り返しになるかもしれませんが、インスタレーションやヴィデオ・

アートは最後の最後まで仕事をし尽していないのではないかと観る度に強く感じます。あるのは技術やトリックばかりで、先行するひとつのアイディアを表現するだけで満足してしまっている。ブニュエルやキング・ヴィダーとはまったく違う考え方をしているのです。

映画の仕事とは、イメージや音によって何かを「建設」することです。それは、私たちが生きているこの世界で経験しているものとほとんど変わらない何かだと思います。ここに二、三人の人間がいる、そこに動物が加わる、それによって物語が生まれる。これが映画なのです。映画は、たとえ見せているものが破壊の行為であったとしても「建設」します。イメージに眼差しを注ぐ時、そこで人は自分の手で何かを作り上げる。そういう発想がインスタレーションには欠けているとどうしても考えざるを得ません。インスタレーションはもともと断片的なものですから、不連続なものをあえて提示することや、それを反復させることが多いですね。「反復」といっても、じっさいにそこで反復を実践していればまだよいのですが、そうではなくて反復という概念のクリシェそのものをただ繰り返しているだけなのです。ゲイリー・ヒル[*14]やスティーヴ・マックイーンという例外的に才能ある人々もいますが、それでもやはり、彼らがやっていることはとても限定的でどこか極端なものであるように思えるのです。

私はインスタレーションを否定的なものとして無理に規定しようとしているのではありません。問題は、そのなかでどれだけの仕事が成されているのかということです。私はたまにテレビを見ることがありますが、動物のドキュメンタリーなどは、美術館の展示物よりも遙かに多くのことを私たちに与えてくれると思います。作品に内在するコードだけで成立してしまっていて、観ている側に何も与えてくれないものは、本当の意味での仕事ではありません。そこで観る者と何かを作りあげてくれるのであれば、インスタレーションと映画との区別はどうでもよいのです。

建設することは、何かを主張することに繋がります。何かを主張するためには、自分が何をしているのかを理解していなくてはなりません。ある緊張を生じさせることが、その主張となるのです。時間や空間を前にして人がどう振る舞うかにそれはかかっている。ある緊張を持続させるために、どのようにひとつのアイディアを作動させ、いかにうまく前に進んでいくようにするのか、頭を絞って考えることとそれは同じです。

ジャック・リヴェット[*15]というフランスの映画作家がいます。彼は優れた映画作家であると同時に、多くのテキストを残してきた人でもあります。加えて、モダン・アートやアヴァンギャルドの愛好家で、現代音楽にもとても造詣が深い。そのリヴェットが、今日の芸術家の肖像について考察をした際に、フランク・キャプラ監督[*16]の『或る夜の出来事』(一九三四)という古典的な作品を持ち出しています。『或る夜の出来事』は、ある意味で、映画史初の「ロード・ムーヴィー」と言ってもよいでしょう。バスでニューヨークからマイアミへ向かおうとする男女の物語です。新婚と偽って安宿に泊まったり、ヒッチハイクをしたりとたくさんの出来事が起こるわけですが、それが一〇〇分ぐらいの尺数にまとまっている。一九三〇年代、四〇年代であれば、どんな映画でも一時間半ほどの時間のなかで、ある出来事を見せることができていたわけですが、物語る技術が今日の映画作家には失われてしまっているとリヴェットは述べています。ヒステリックな感情やメランコリーな気質などからなる多面的な集合体を一時間半くらいに収めることは、一九三〇年代には誰もがやってのけていた。小津もそれができた映画作家だと思います。

私が同じことをしようと思えば、おそらく少なくとも三時間から四時間はかかってしまうでしょう。例えば、目の前にいる人が立ち上がって出て行く。そのことだけを描くために五時間はかかると思います。手の一ミリごとの動きさえも、ひとつずつ考えていかなければならない。リヴェットは小説も書いたようですが、それは映画とは別のリアリズムの追求だと言えるでしょう。今日の映画作家は、表現媒体を分けることや選択することの必要性を分かっていないし、その技術をも持ち得ていないと思います。インスタレーションの映像作家はそのことがさらに理解できていないという状況が存在しています。

学生　もしコスタ監督が毎週教壇に立って年間を通して講義を展開するならば、それはどのような内容となるでしょうか。

コスタ　もしできるならば、「動く」ということをたくさんしたいと思います。実際皆さんにいろいろなところを訪問してもらう。例えば田舎に行く、動物園にキリンを見に行く、あるいは小津の映画を観に行く、そして帰ってくるのです。じっさいに動いてもらいたいと思います。「動く」ことには、歩く、見る、そして待つ、という三つの行為が含まれることになります。絵画や彫刻でもかまいませんが、そこに足を運び、何かを見て想像したことを人と話すのです。一九世紀や二〇世紀初頭においては誰もがしていたことです。自分自身もこうした教育を受けてきましたし、その成果があると信じています。何かが動きのなかにあることが私は好きなのです。一見すると、動いているようには思われないかもしれませんが、「待つ」ことも運動の持続のなかに位置づけられるでしょう。小さなグループで話をしている場所があり、そこから誰かが出かけていく一方で、また別の新しい誰かが入ってくる、そのようなイメージです。何かが動き始めることにまなざしを注ぎ、他人の話にじっと耳を傾けることによって、新しい思考が生まれてくるのです。皆さんがいろいろなものを訪ねて歩いていく、その運動に私は伴走したい、一緒に走りたい、そう思っています。

余裕があれば、ヴィデオ・キャメラを使って、じっさいに皆さんと制作をすることもあるかもしれません。今日のデジタル機材を使えば、経済的にも安く作品が作れるわけですから。

学生　フランク・キャプラの作品を例にお話しされていた、感情が多面的な集合体となって表現される映画について、もう少し詳しくお話を聞きたいのですが。

コスタ　じつは、そのことについてあまり話したくありません。というのも、こういうことを話していくと、かつて作られていた映画は今の映画よりも良かったという内容にどうしてもなってしまうからです。

感情的なものがたくさん詰め込まれた、キャプラのような映画はどのようにしてできあがっているのかを考えたいならば、とにかくたくさんのテキストを読むことをおすすめします。例えば、先ほど挙げたジャック・リヴェットには、批評家時代に書かれたフリッツ・ラングについての非常に有名なテキストがあります[*17]。そこではラングの作品にあらわれる「手」をテーマに取りあげ映画が分析されています。このテキストのなかには、ご質問の答えとなる本質的なものが詰まっていると思います。リヴェットだけでなく、バザンはもちろんトリュフォーやゴダールが書いた批評をたくさん読むことが最も刺激的な勉強になるでしょう。フランスばかりではなく、日本にも蓮實重彦さんやクリス・フジワラさんのような優れた書き手がいます。あるいは、KINO SLANG[*18]というブログは、取り上げている作品のイメージとページのレイアウトを連動させる興味深い試みをしております。そうした批評をできる限り読んでみてください。

　私自身、映画を好きだから制作しているわけですが、そこではものごとに対して正当でありたい、すなわち、正確かつ正義にかなった行為を成し遂げたいとつねに考えています。目の前にあるものと自分との関係に正当性を与え返すこと——それこそが、映画作りにおいて私が心がけていることです。古典的な映画作家たちは誰もがそうでした。何か公正でないものに対しては復讐を行う。チャップリン[*19]も同じことをしていました。不適当な事態が起きていたならば、それはきちんと正当な状態に戻さねばならない。

　現代においてはいろいろなものが分断されているだけでなく、それと同時にあまりにも多くのものが存在しすぎています。映画や音楽、そして自動車、お金……とにかく溢れかえっていて混乱しています。多くのものがあり過ぎる。これらに私たちが押し潰されてしまうような社会であるのかもしれません。かつてであれば、過剰にものが存在していたとしても、そこには距離や関係性がきちんと成立していたと思います。ラングや小津や溝口[*20]といった映画作家は、そのことをおそらく理解していました。そして、ひとつひとつのものに与えられる関係性は、人間がその中心になるものではありません。小津はこれを非常に明確なかたちで描いており、小さなオブジェ、例えばひとつの窓が父親を演じる役者よりも重要な意味を持つことがあるのです。ラオール・ウォルシュ[*21]というハリウッドの映画監督も同じように映画を撮っていたのだと思います。

私がひとつ大切にしていることがあります。それはエキストラの存在です。現代の映画においては、ただの通りすがりの人ぐらいにしかエキストラは考えられておりません。しかし、ジョン・フォードの映画であれば、ジョン・ウェインの後ろにふたりの男が通り過ぎる時、彼らは主役の人物と同じくらい大切な存在なのです。私の映画には非職業的な俳優が登場しますが、そのなかのひとりの少年が病気になって現場に来られないならば、私は撮影を中止します。その時に、その子がいなければ私の映画は成立しないと考えるからです。周縁的な領域に押しやられてしまう、小さくか弱い人々への敬意を大切に持ち続けたいのです。

ぜひ想像していただきたいと思います。ジュリア・ロバーツが登場する映画には三〇〇人くらいのエキストラがいるでしょう。主演女優の二〇〇メートルほど後ろに映っている、そうした存在です。そのうちのひとりが病気になったとしましょう。監督はジュリア・ロバーツに対して、今日はあのエキストラのひとりが病気だから撮影はしないと言うべきではないでしょうか。そこに映っている三〇〇人のなかのたったひとりであったとしても、私はその人を自分の映画に留めておきたいのです。

訳註

1 「MU［無］―ペドロ・コスタ&ルイ・シャフェス」展　東京の原美術館にて二〇一二年一二月七日―二〇一三年三月一〇日の会期で開催された、ペドロ・コスタとポルトガルの彫刻家ルイ・シャフェスによる展覧会。映像インスタレーション4点、彫刻6点から構成される展示を行った。

2 「『ヴァンダの部屋』ヴィデオ・インスタレーション」　せんだいメディアテークにて二〇〇五年三月一九日―二九日の会期で開催された展示。向かい合う二枚のスクリーンにそれぞれ六〇分の映像を映写する設計となっている。

3 『ペドロ・コスタ　遠い部屋からの声』、せんだいメディアテーク、二〇〇七年。

4 アピチャッポン・ウィーラセタクン Apichatpong Weerasethakul, 1970-　タイの映画監督。作品に『真昼の不思議な物体』(二〇〇〇)、『ブリスフリー・ユアーズ』(二〇〇二)、『世紀の光』(二〇〇六)、『光りの墓』(二〇一五)などがある。

5 ツァイ・ミンリャン 蔡明亮 1957-　台湾で活動する映画監督。作品に『青春神話』(一九九二)、『河』(一九九七)、『黒い瞳のオペラ』(二〇〇六)、『郊遊〈ピクニック〉』(二〇一三)などがある。

6 セノグラフィー scenography　舞台芸術において、観客の視覚や想像力に訴えることによりその表現を補強する美術的な要素のこと。演劇やオペラなどで使用される舞台装置、衣装、化粧、照明、視覚効果などを指す。

7 スティーヴ・マックイーン Steve McQueen, 1969-　イギリスの現代美術家、映画監督。大学卒業後、短編映像作品や写真、彫刻、ヴィデオ・インスタレーションなどを制作し続け、一九九七年に発表した映像作品「Deadpan」が高く評価され、二〇〇二年、二〇〇七年の二度のドクメンタに、二〇〇九年にはヴェネツィア・ビエンナーレに選出される。映画制作にも進出し、作品に『ハンガー』（二〇〇八）、『それでも夜は明ける』（二〇一三）などがある。

8 アンドレ・バザン André Bazin, 1918-1958 フランスの映画批評家。一九五一年にジャック・ドニオル=ヴァルクローズとともに、映画批評誌「カイエ・デュ・シネマ」を創刊。その死去まで編集長を務める。同紙に寄稿していた批評家から、ジャン=リュック・ゴダールやフランソワ・トリュフォーなど、ヌーヴェルヴァーグと呼ばれる映画監督たちが輩出する。著書に『映画とは何か』『オーソン・ウェルズ』『ジャン・ルノワール』などがある。

9 キング・ヴィダー King Vidor, 1894-1982 アメリカ合衆国の映画監督。作品に『群衆』（一九二八）、『ステラ・ダラス』（一九三七）、『白昼の決闘』（一九四六）、『戦争と平和』（一九五六）などがある。

10 成瀬巳喜男 1905-1969 日本の映画監督。作品に『君と別れて』（一九三三）、『歌行燈』（一九四三）、『浮雲』（一九五五）、『乱れ雲』（一九六七）などがある。

11 フリッツ・ラング Fritz Lang, 1890-1976 ドイツ出身の映画監督。作品に『ドクトル・マブゼ』（一九二二）、『M』（一九三一）、『飾窓の女』（一九四四）、『条理ある疑いの彼方に』（一九五六）などがある。

12 サミュエル・ベケット Samuel Beckett, 1906-1989 アイルランド出身の劇作家、小説家、詩人。戦前よりヨーロッパを転々とする生活を送り、パリに拠点を定めた後、一九五〇年代に三部作の小説『モロイ』『マウロンは死ぬ』『名づけえぬもの』を発表。一九五三年に初演された戯曲『ゴドーを待ちながら』は不条理劇の傑作と目され、〈ゴドー〉なるものを待ち続けながら無為で孤独な時間を過ごすふたりの主人公の存在を、観客は舞台上に見ることになる。

13 ルイス・ブニュエル Luis Buñuel, 1900-1983 スペイン出身の映画監督。作品に『アンダルシアの犬』（一九二八）、『忘れられた人びと』（一九五〇）、『昼顔』（一九六七）、『ブルジョワジーの秘かな愉しみ』（一九七二）などがある。

14 ゲイリー・ヒル Gary Hill, 1951- アメリカ合衆国の現代美術家。七〇年代から作品を発表し始め、映像を使用したインスタレーション、ヴィデオ・アートで高い評価を得て、この分野における先駆者ナム・ジュン・パイクらに続く「ヴィデオ・アートの第二世代」のひとりとして、ビル・ヴィオラらとともに注目された。作品に「Happenstance (part one of many parts)」(一九八二―八三)、「Why Do Things Get in a Muddle? (Come on Petunia)」(一九八四)、「Incidence of Catastrophe」(一九八七―八八)などがある。

15 ジャック・リヴェット Jacques Rivette, 1928-2016 フランスの映画監督。作品に『パリはわれらのもの』(一九六〇)、『アウト・ワン』(一九七一)、『美しき諍い女』(一九九一)、『ランジェ公爵夫人』(二〇〇七)などがある。

16 フランク・キャプラ Frank Capra, 1897-1991 アメリカ合衆国の映画監督。作品に『サブマリン』(一九二八)、『オペラハット』(一九三六)、『スミス都へ行く』(一九三九)、『素晴らしき哉、人生!』(一九四六)などがある。

17 Jacques Rivette, « La main », *Cahiers du Cinéma*, n.76, novembre 1957.

18 KINO SLANG URL: http://kinoslang.blogspot.jp

19 チャールズ・チャップリン Charles Spencer Chaplin, 1889-1977 アメリカ合衆国の映画監督。作品に『黄金狂時代』(一九二五)、『モダン・タイムズ』(一九三六)、『独裁者』(一九四〇)、『ライムライト』(一九五二)などがある。

20 溝口健二 1898-1956 日本の映画監督。作品に『東京行進曲』(一九二九)、『残菊物語』(一九三九)、『夜の女たち』(一九四八)、『雨月物語』(一九五三)などがある。

21 ラオール・ウォルシュ Raoul Walsh, 1887-1980 アメリカ合衆国の映画監督。作品に『栄光』(一九二六)、『ビッグ・トレイル』(一九三〇)、『死の谷』(一九四九)、『裸者と死者』(一九五八)などがある。

講義Ⅲ

2012.12.5

桑沢デザイン研究所

講義III

二〇一二年一二月五日
桑沢デザイン研究所

学生　今回の講座にあたって、『コロッサル・ユース』を皆で見直しました。たくさんの部屋が出てくることが印象的で、まるでドラマが反復するかのように、同じような部屋が同じ場所から同じ画角で切り取られているため、作品全体のどの部分を見ているのか分からなくなるような不思議な体験をしました。コスタ監督はどのようなプロセスを踏んでこの映画を構想されていったのかをうかがうことから始めたいと思います。

コスタ　私の場合、映画を作るまでに非常に長い時間が必要になります。ある場所にキャメラを持っていき、こういう人々を撮るのだということが決まるまで、映画についての具体的な姿を私は考えることができません。部屋に籠っているあいだに撮りたい映画の考えが思い浮かぶことはほとんどありません。それができるのであれば、夢のような話だと思います。目の前にある問題に直面しなくては前に進めないのです。皆さんのなかには、映画とは事前に準備したことを次々に順を追って実現するものと思われている方もいらっしゃるかもしれませんが、そうした発想は避けなければならないとある時から私は考えるようになりました。目の前に存在する、そこで直面すべき問題とは、言ってみれば「現実」というものだと思います。

真摯にお話ししたいのですが、映画を作る際にしてはならない行為があります。自分たちができることよりもむしろ、してはならないことを考える必要があるのではないでしょうか。まず、芸術的な作品を作ろうという考えを持ってはならない。より重要なのは、きちんと何かを理解するまでは、撮ってはいけないということです。イメージと音と物語において、実現できないものがあることを無視して、映画を作ることはできないのです。そのために、具体的な状況が把握できるまで何度もテストを繰り返す必要があるのです。映画とはこうしたものだと私は考えています。

画家の場合はどうでしょうか。画家はたくさんの絵を描きますが、その後に破棄してしまうものが相当たくさんありますね。キャンバスに描いては捨ててしまう。何度もデッサンを繰り返して、ひとつの絵を作るためにテストを行っているのだと思います。映画の場合、あまりにも安易に撮られすぎているような気がします。まず大事なのは、リサーチをすることだと私は考えています。もともと、大学で歴史を学んでいたからなのか、何かの起源を調査することや、記憶に関わるものを集めて探求することの必要性を強く感じるのです。そのような意味で、私はいわゆる「映画監督」ではないと思います。彼らはシナリオを書き、キャスティングをし、ロケハンがあって撮影をします。私の場合はそれらの作業を同時に行うのです。つまり、映画を撮るのと同時に何かを探求《リサーチ》するのです。

学生　以前、コスタ監督が建築と映画は似ていると発言されているのを聞いたことがあります。私は子どもの頃、友だちと秘密基地を作って濃密な時間を共有した記憶があり、映画制作をする際にそれと似たものを時々意識したりします。監督にとっては映画と建築はどのような関係にあるのでしょうか。また、仮に建築を作るとすれば、どのようなものを実現したいと考えているのでしょうか。

コスタ　難しい質問ばかりですね。今日の建築家は芸術《アート》というものを意識しすぎています。建築的なるものとは、世の中で存在し作られているものよりはもっと控えめで謙虚なものではないでしょうか。目的もなく過度に装飾的になっているものに対して、私たちは抵抗すべきです。建築に関して私が言いたいことは非常にシンプルなことです。人がいなければ家も存在しないということです。逆に言えば、家があるのはそこに人がいるからです。今日の建築を見ると、人間的なものがそこに存在していません。映画も同じです。ハリウッドの大作映画をはじめとして、デジタルで人を描くことが可能となってしまっているのです。

映画、家、人間、建築についてもう少しご説明したいと思います。私は、森や海、そして自然を撮影することに対して、非常に慎重なタイプの人間です。こうしたものにキャメラを向ける時、自分が撮影するのは無理だと考えていました。今ではその考え方を少し変えて、この風景にキャメラを向ける権利が私にはないと思うようになりました。撮影する方法を自分が持ち合わせていないからです。そのことを自覚することなしに映画を作ることができないのです。

それゆえに、家の内部、閉ざされた空間のなかで撮ることを私は選択しました。そこにキャメラを向けてみると、窓や廊下、扉があり、必ず出入りする人の存在が伴うわけです。人が住んでいないところでは、撮影することはできないということに私は気づきました。建築の内であれ、ある風景を撮るのにどうしても人がいなければキャメラを向けられないと言い切ってしまう時、現実に対して嘘をついているような感覚は少しあります。しかし、私は、人が住まうことのない家には向き合うことができないのです。

理想的な家についてのご質問でしたね。私にとって理想的な家とは、理想的な映画と同じものです。私にとっての理想的な家＝映画とは、小屋であると同時に寺でもあるようなものではないかと思っています。非常に単純で素朴なもの、つまりそこに存在するものだけでできているものが理想なのです。それ以上のものを求めてはいけないのだと思います。日々そこにあるものを見つけ出していくことで、家をつくるのと同じように映画を作り上げていく。これは建築家のミース・ファン・デル・ローエ[*1]という人が、なるべく過度にしてはならない、より少なくというのが理想的な建築であるというようなことを語っていたと思いますけれども、映画にもそうした考え方を敷衍できるのではないでしょうか。

小屋＝寺と言いましたが、寺は祈りを捧げる信仰の場所ですね。そこでの信仰とは、非常に少なく素朴なものだけで建築＝映画を作り上げることができると信じることだと思います。

学生　『コロッサル・ユース』に出てくる部屋はどれもとても質素なものですが、ある場面がとても印象に残っています。白い壁をくり抜く木製のドアを男が開けたり閉めたりする動きです。監督のお話をうかがっていて、これは建築そのものに関係しているように思いました。

コスタ　アメリカの偉大な映画作家にラオール・ウォルシュというたくさんの西部劇を撮った監督がいます。ウォルシュは次のようなことを言いました。部屋に出入りする場面を撮ろうとするならば、その方法は幾通りもない、その方法はただひとつしかないと。これは現代美術に対する明確なアンチテーゼになっているのではないかと思います。人が部屋に入る方法はひとつしかない、つまり、人が出て行く方法もひとつしかないということです。その考え方は極めて単純なわけですが、じつは、この言葉は建築と映画の関係を明瞭なものにしています。つまり建築にも映画にもそこには構造があるのです。そこに何かを位置づけるためには、計画というものが必要だということです。それによって初めて家を建てることができるし、映画を撮ることもできる。

私の映画に見られるドアに関していえば、それは謎でもなければ、詩的な要素でもありません。質問でご指摘いただいたのは、ヴェントゥーラがアパートの部屋を次々に回って行く場面で、そこで扉の開閉が行われていました。そこで注目していただきたいのは、ヴェントゥーラが自分で開いたドアが、最後にひとりでに閉まってしまうという部分です。私はそこで詩的なことをやりたかったわけではありません。単純に、家の建付けがよくできてないわけです。このアパートは、低所得労働者のために作られた公共住宅のようなもので、短い期間であっという間に建てられたものです。それで全体が傾いているのです。ですから、扉が勝手に閉まってしまう。もともと、きちんと何かを作り上げようとするプランがなかったのです。それがこの映画のなかで示されていると思います。

学生　『コロッサル・ユース』は、そこに映し出されている暗闇や影、その表現の多様性に驚かされました。暗闇に表情を与えるために、暗闇のなかに埋もれてしまっている人物や物の影に輪郭を与えるために、光にこだわっているようにも見えました。あの強烈な存在感のある光と影はどのようにしてできたものなのでしょうか。

コスタ　諏訪さんが教鞭を執られている大学の学生は、非常に知的なご質問ばかりされますね。ご指摘になった点に関して、『コロッサル・ユース』は私の撮った作品のなかでは特別なケースだと思います。というのも、建物が成り立っている土壌と建築自体の条件によって、映画が決定づけられてしまった部分が大きかったからです。

その白いアパートを最初に訪ねたときは、ヴェントゥーラと私ふたりだけでした。ヴェントゥーラは、この家はとても住めるものではないと否定的なことを言っていました。彼は建設業に携わっており、石工を職にして仕事をしているので、この家がいかに酷くできているか直ぐに分かったのですね。このアパートが作り上げる世界で生きていくことは不可能だと思ったのです。

同時に、ヴェントゥーラとは違う理由で、私もこのアパートに対して撮影に困難な要素を感じました。真っ白なアパートです。皆さんもお分かりのように、光が反射しやすく、露光という点で映画を撮ることにかなりのリスクがある。しかもアパートは北向きに建てられていたため光量が少なく、それに加えて寒かった。技術的・美学的な点から、このアパートの撮影は難しいとまず感じました。先ほど、建築と映画には似たところがあるという話をしましたが、こうして調査し判断することが必要であることからも、その共通点を見出すことができるのではないでしょうか。

造形的な要素によって映画が構成されるという理論的な考え方もあるわけですが、私はそれに対しては否定的です。私が映画を撮る時に信じているのは「社会」です。社会的な要素によって映画のショットはできあがると思うのです。よくショットとは映像《イマージュ》であると言われることもありますが、私はこうしてできあがるショットはイマージュではないと思います。また、写真では映像を静止させて運動を見出すわけですがこうした映像の捉え方もできません。映画というのはつねに動いているからです。

自分が撮ったショットはどのようにできているのか、これからふたつほど例を挙げて具体的にご説明してみたいと思います。ひとつは美術館の場面です。ヴェントゥーラがそこに展示されている絵を見ている場面です。彼は絵の方を向いています。それに先行しているのは、絵画のショットだったと思います。人が何かを見ているこうした場面が映画にはよくありますが、一般的に主観ショットが用いられることが多いと思います。私は主観ショットを用いることに非常に懐疑的です。むしろ、私がこの場面で試みたかったのは、ヴェントゥーラが絵を見ているのではなく、絵の架かっている壁を見ていることを示すことでした。彼が壁そのものを見ている——というのも彼は石工であるからです。そこに架けられているのはルーベンスの絵画です。自分の作った壁にルーベンスの絵が架けられていることはなかなかないでしょう。そこにあるふたつのもの、壁とルーベンスが等価であり、その間に差異がないことを彼は見出しているのです。あえて言えば、壁が美しいとさえ思っているかのようでもあります。そこには美学的でさえあるかのような、強い感情があると思います。

儚く常に移ろってしまうものが文化であり、ルーベンスの絵画もそのひとつです。ヴェントゥーラはルーベンスではありませんが自分が作ったものに対してはっきりとした感情を持っているのです。もう少し強調して説明すれば、美学的な感情《エモーション》は、歴史というものがなければ存在しません。ルーベンスの絵画にしても労働者が作りあげた壁がなければ存在できないのです。その点でこのふたつの間には等価性がある。そこが重要なのです。発展させて言えば、映画のフレームも歴史そのものです。人間の歴史こそが、さまざまな感情を強く、美しく描き出し、強度を与えながら画面を作り上げているのです。あの場面で、私たちはルーベンスを超えていかなければならない。その先にあるものに辿り着かなければならないのです。


もうひとつの例についてお話ししましょう。映画はつねに自分の手で作り上げなければならないことをよく示しているエピソードです。

『コロッサル・ユース』にパウロという若い男性が登場します。映画のなかでヴェントゥーラは自分の息子や娘を訪ねていくわけですが、パウロもヴェントゥーラの息子のひとりです。私はこの映画を撮影するにあたって、出演するすべての人々に問いかけました。この映画のなかで何をしたいのか、ヴェントゥーラとの関係において、何を語りたいのかと。パウロはその質問に、自分の母親と会話をしたいと答えました。そもそも映画とは、素朴であると同時に複雑なものでもありますが、それをよく示しているのではないかと思います。パウロは、映画で何をしたいかと問われた時に「誰かについて、誰かに話したい」と答えたのです。

パウロは非常に深刻な問題を抱えています。それはヘロインとの関係です。前作『ヴァンダの部屋』においてもパウロは体調を崩した状態で登場しますが、『コロッサル・ユース』では、治療の効果があって少し健康的になっています。パウロがこの映画のなかで母親について話したいと言ったのは、ヘロイン中毒から立ち直る時に彼女が何もしてくれなかったということに起因しています。彼は、この場面によって母親に対するある種の復讐を成し遂げたいと考えているのです。

パウロは私に次のような提案をしてきました。「自分はこの映画のなかで病院のベッドにいて、ヘロインの過剰摂取で死ぬ直前にあるという設定で母親と話したい」と。心の奥底にあるこれほど深い感情を直接的にぶつけることを、映画でやってよいものだろうかと私が疑問を覚えたことも事実ですが、この提案をどのように実現すればよいのかを考えました。病院にメールを書いて撮影の許諾を得ることは一般的によくあることですし、それほど難しいわけではありません。しかし、そうした発想自体が私には受け入れられなかったのです。とりわけ、『コロッサル・ユース』のような映画を作る際に、この映画が進むべき道とは真逆の発想であると感じました。

この問題を解決したのは、他ならぬパウロ自身でした。彼はこのように言ったのです。「病院で撮影をする必要はないのではないか、ヴァンダが住んでいる家で撮影をしたらよいのではないか」と。それが映画に描かれる、ヴァンダの新居となっているアパートです。考えてみれば、病院の白さとアパートの白さは共通しています。病院は病の進行によって人々の身体が日々死に蝕まれていく場所ですが、ヴァンダとヴェントゥーラが住むアパートのなかでも似たようなことが進行していると考えることもできます。そこにある白さ、病、死によって、まったく同じ状況をここでは魔術のようにして生み出せるのではないかとパウロが私に言ってきたのです。

じっさいの撮影では、ヴァンダの部屋に彼女の娘用の小さなベッドを置いて、パウロはそこに寝ながら母親に話しかけることになりました。仮に、この場面がある程度の効果を上げているとすれば、言葉の持つ暴力性によるものだと思います。というのも、パウロは映っていますが背中を向けていて表情は見えません。加えて、ふつうであれば病院に見立てていることを示す約束事があるはずですが、それを無視しました。ここには、イメージがないのです。

イメージとショットの間には差異があるということについて話しましょう。ある場面を実現するために、病院の一室を借りて医師や看護師を連れてくる——こうした作業によってできあがるものが「イメージ」だと私は考えます。その一方で、「ショット」というものは「イメージ」とは異なり、まさにパウロが自分の母親と喋りたいという意志そのものを実現するものなのです。もちろん、ショットを生み出すことにも限界はあります。その極端な例は、黒さと白さです。この場面ではアパートのなかにひとつの身体が映し出されているだけです。光の作り出す白さとパウロの言葉しかここにはない、それがこの場面の限界、あるいは映画の成立する臨界点なのです。

パウロの提案がなければ、この場面を撮りあげることができたかどうか、確信はありません。その三日前に彼と話していたら、それはむしろ否定すべきアイディアになっていたかもしれません。映画作りにおいては、些細なことが非常に重要なものを生み出す契機になっていくと思います。映画作家が考えるべきことは、その場面をいかに組織立てていくかということです。これは私が敬愛するブレヒト*2が言っていたはずです。時間をかけて、真剣に準備に取り組めば、芸術的な側面は後から必ず付いてくるのだと。

イメージとは、簡潔に言えば、私たちが既に知っているものです。それに対してショットとは、未知なるものでなければならない。私が「イメージ」という言葉を用いるとき、それは「文化」と同義語であり、同じことをつねに反復し続けることです。それに対して、「ショット」とは暗闇です。しかし、何も見えない状況のなかでこそ、私たちは何かを作り上げていかなければならないのです。

学生　とてもくだらない質問かもしれません。コスタ監督はかなり長い時間をかけてひとつの作品を作っていらっしゃると思いますが、ひとつの映画を撮り終えて次の作品に取りかかるまでの間は、どのような日々を過ごしていらっしゃるのでしょうか。

コスタ　先ほどもお話ししましたが、私は何かをテストし続けている、探り続けています。完成した映画の背後には、捨てられているものがたくさんあります。映画作りには、キャメラを廻して撮影をしている時間とは別に、撮らないものを選択するに至るための時間があるのです。自分の考えることがじっさいにできるのかどうか判断すること、それにエネルギーを割かなければならないのです。人と話をして相談し、それが実現できるかテストする必要があります。

そうしたプロセスのなかで、自分の考えていたことが突然ばかばかしく思えて、とてもこれはできないと考えることも多々あります。この世界に現実に存在しないものは、映画として示すことができないということを言いたいわけではありません。現実を直視して、それは作品の中で実現しえないだろうと思うわけです。

かつての映画のなかにも、映画制作に対して私と同じような思考をしている人々がいると確信することがあります。ロベルト・ロッセリーニという映画作家がいます。彼は映画作りとは単純な作業だと言っています。まず表を作って、そこにひとつずつ社会のなかで自分が撮りたいと思うものを書き出していく。食べ物、衣服、乗り物など、関心のあることを挙げていくのです。そして、それぞれの項目について分析を加えていく。どのように人は振る舞うのか、その人は話をするのか、では別の国だったらどうなるだろうと。表を作り項目を立てて分析をする、そのことでしか映画は作れないとロッセリーニは言っていたと思います。目の前の現実、すなわち世界を凝視することから思考を練り上げていく姿勢がそこにはあります

私が説明したような映画制作にかける時間の考え方、あるいはロッセリーニが言っていたような方法は、フィクションであるかドキュメンタリーであるかを問わず、今日の映画においてはほとんど実践されていないのではないでしょうか。

学生　映画を作る人は、その人なりの考え方で、ある希望を必ず作品に差し込んでいると思います。私は映画を見ている際に、ラスト・シーンに希望があるべきだと思います。監督

のご意見をうかがいたいと思います。

コスタ　ここで何かを明確にお答えできると私は思いません。というのも、その最後のショットがどういうものであるのか、あらかじめまったく予想できないからです。先ほども言いましたが、映画を作る作業というのは日々何かを積み上げていくことでしかないと思います。そこにはつねに驚きがある。また、モンタージュという作業によってその驚きが見出されることもあります。撮影時には見えていなかったことが、別のショットと組み合わさることで見えてくる。それがある強度を生み出すことがあると思います。しかし、映画の最後の部分で希望を表すことができるかどうかはまったく分からないと思います。

私にとっての希望についてお話ししたいと思います。例えば、ひとりの男がベッドに横たわり休んでいる。そして彼の横には女の子の赤ん坊がいて、横たわっている彼は何も喋らない。彼の横にいる女の子は、時折音を立てつつ動きもする。そして、その音に気づいた男、それはヴェントゥーラなのですが、うめき声のようなものを少し発する。このうめき声は、今日の言語ではなく、別の言語、あるいは別の言語活動そのものだと思います。私はここに「希望」というものを見出すのです。つまり、まったく新しい言語がそこでは生み出されている。映画というものが、何か決まりきった文法に基づいた言語活動になってはいけません。それぞれの映画に、固有の言語がなくてはならない。私の映画は私自身の言葉と思考であり、皆さんが撮影をして作り上げる映画は、それぞれ別のものにならなければならないのです。

学生　ショットというものは、可視的なイメージを超えて声だけで作ることが可能でしょうか。というのも、コスタ監督の最新の作品『スウィート・エクソシスト』のなかで登場人物の誰とも見分けのつかない声が存在するからです。

コスタ　映画を作る際に、私は「イメージ」を目指すつもりはありません。イメージとは、既に存在しているものだからです。その意味で、表現を方法論の問題としてのみ語ることにあまり価値を見出すことができません。

『スウィート・エクソシスト』で、ヴェントゥーラには家がありません。故郷も土地も失っています。人々は働きながら生き続けていくなかで、日々数多のものを失っていく、それを描いたのがこの映画です。この作品のなかでは記憶、つまり頭のなかの出来事が多く語られていますが、語られたことをそのまま映画にできるとは私は信じていません。たしかに、ヴェントゥーラの精神が画面に投影されていると言うことはできますが、それによってショットを構築しているわけではありません。大切なことは、記憶が次々とヴェントゥーラの頭に到来すること、そのこと自体なのではないかと思います。映画を作るということは、今日においてもなお、「イメージ」に抵抗する行為になりうると思っています。こうしたことを考える際には、決して抽象的になってはいけません。

映画作家として私が信条としているものは、はっきりとしています。それは、映画とは哲学であるということです。ロッセリーニの話をもう一度したいと思います。ロッセリーニは映画作家というよりも、哲学者と言えるような人でした。ロッセリーニはそもそもナイーヴな愛の物語を撮ることからそのキャリアをスタートし、初期はイタリアの村で映画を作り、『無防備都市』(一九四五)でローマという都市を撮りました。そして、『ストロンボリ』(一九五〇)という作品で島を撮ったのです。その後は、ヨーロッパ大陸全体を主題にして『ヨーロッパ一九五一』(一九五二)を発表しています。そしてその後は文明そのものを対象にして『インディア』(一九五九)を撮り、晩年においてはソクラテスやキリストといった人々を映画にすることで思考そのものを扱いました。ある概念の探求が、次第に大きな対象へと変貌していったのです。

フランソワ・トリュフォー[*3]はロッセリーニの若い友人のひとりでした。彼によると、ロッセリーニの作る映画、そしてロッセリーニその人には、何か熟考されたものが詰まっているが、ナイーヴなところがまったくない、言ってみればそれは白痴のようであり、野蛮なものであるというのです。「ばかになる」ことが映画を作るというために必要なのではないかと、トリュフォーがロッセリーニを論じながら言っているのです。映画のなかで愛の告白などを役者に演じさせれば、ふつうはナイーヴな部分がどうしても多く出てきてしまう。しかし、それがロッセリーニという作家にはなく、ばかばかしいとさえも言えるような単純さを強く持っていた。私自身も映画を作る際には、同じようでなければならないと思います。対象への関心のあり方、向き合い方、その描き方は、人間の最も原初的な状態に戻り、未知なるものについて考えなければならないのです。繰り返しますが、私は「イメージ」というものを信じていません。ただ映画を信じている。映画のことだけは信じている。映画はまだ何かを生むことができると思うし、とりわけ大事なのは、映画は人々を思考させることができる。映画において思考が与えられるということが私にとって重要なのであって、それが私自身の映画作りの姿勢を貫いているのです。

諏訪　最後に少しだけ言葉を継がせてください。今日は「イメージ」と「ショット」の話ができました。僕は少し軽薄なので講義が始まった時に写真を撮って「ペドロ・コスタ氏特別講義始まりました」とSNSにアップしたのですね。今日の講義はこのような感じだったという写真があるわけですが、この場にいた皆さんはそれを見ると、そこには何も映っていないということが分かるはずです。それがイメージなのです。皆さんがここにくる前に何らかのイメージを持ったでしょう。今日はどんな会場で、どんな雰囲気で、どういう人がいて、ペドロ・コスタはどんな顔をしているのだろうと。でもどのイメージもこの現実には結びつかなかったはずなのです。全然違うものだった。皆さんがここにいて体験していることはイメージではないのです。私たちがここにいるのは何か奇跡的なことです。たまたま偶然ここにいるというのとは少し違う。

僕はペドロと一〇年ほど前に山形国際ドキュメンタリー映画祭で出会いました。ある時にうちの大学の客員教授になってよと軽く言ったら「いいよ」と答えてくれた。その間、シネマトリックス代表の矢野和之さんが彼の映画を配給し続けてくれていて……。あるいは二年前にペドロの授業に来て質問していった人がいる。あるいは今日初めてここに来た人もいる。そういうことのどれかひとつが欠けていたらこの場所は変化してしまっていたわけです。交換することができないものがここに寄り集まっている。それは何か奇跡的なことなのであって、それは簡単には写真には映らない。

先ほど希望という話がありましたけれども、「希望であるかのように見えるイメージ」を作ることはできます。例えば、講義がこのような部屋で行われたことを再現するのは容易なことです。学生のような人、監督のような人を集めて写真に撮ればその「イメージ」はできるわけです。けれども、それは「ショット」ではない。だから映画を撮ることは簡単なことではない。コスタ監督の言葉は、私たちの存在自体とも共振する課題を突き付けているのです。

訳註

1 ミース・ファン・デル・ローエ Ludwig Mies van der Rohe, 1886-1969　ドイツ出身の建築家。ル・コルビュジエ、フランク・ロイド・ライトらとともに二〇世紀のモダニズム建築の概念を確立した建築家のひとり。代表作に「トゥーゲントハット邸」(一九二八—三〇)、「バルセロナ・パヴィリオン」(一九二九)、「ファンズワース邸」(一九五一)、「シーグラム・ビルディング」(一九五八)などがある。

2 ベルトルト・ブレヒト Bertolt Brecht, 1898-1956　ドイツの劇作家、詩人。カール・マルクスの著作から深い影響を受けながら、従来の演劇を否定する独自の理論を追求した。観客の感情移入を排し批判的思考を促す自身の演劇を「叙事的演劇」と呼び、見慣れたものに違和感を与え新しい視点を示す「異化効果」の考え方は他の芸術ジャンルにも大きな影響を及ぼした。代表作に『三文オペラ』『肝っ玉お母とその子供たち』『ガリレイの生涯』などがある。

3 フランソワ・トリュフォー　François Truffaut, 1932-1984　フランスの映画監督。作品に『大人は判ってくれない』(一九五九)、『華氏451』(一九六六)、『緑色の部屋』(一九七八)、『終電車』(一九八〇)などがある。

講義Ⅳ

2004.3.12-14

映画美学校

講義Ⅳ

二〇〇四年三月一二日－一四日
映画美学校

オスカーの授賞式みたいなのですが、幾人かの方々にお礼を申し上げたいと思います。私の母に。そして矢野〔和之〕さん、松本〔正道〕[*1]さんに。というのもお二方が、少なくともある時期から私にとって重要な人々であるからです。私が感じていたこと、自分では分からなかったのですが、おそらく日本が好きだということが正当であったことを彼らが証明してくれるのです。映画と同じですが、出会いというのは必要だと思います。愛というものを信じるには血の通った肉体を持ったじっさいの人間に会わなければならないのです。そして、たいへん美しいカタログ〔ペドロ・コスタ監督特集2004 in Tokyo カタログ、アテネ・フランセ文化センター〕を作ることに参加していただいた他の方々にもお礼を申し上げたいと思います。私自身とても気に入っていますし、こうしたものを刊行していただけることを誇りにも思います。こうしたお礼を、私が今までに知っていた人々と、以前には知り得なかった人々に向けて言いたいのです。このことは、今日、明日、明後日をかけて皆さんにお話ししようと思っていたことにも少し関係しています。私たちは映画を通してものごとを知ることができます。例えば、私は日本に来るのは初めてですが、日本のことを知っていて、日本が好きだと言うことができるのです。

私は何本かの映画、とりわけヨーロッパで最もよく知られている三人の映画作家、溝口健二、小津安二郎、成瀬巳喜男の作品を通して日本を理解していました。すでに亡くなっていて、自分が生きている時代とは異なる時代に属している人々を通して日本を知っていたわけですが、距離感を持ちながらも、私は日本が好きだったのです。距離を取りながら愛するということも、映画においては非常に重要なことです。例えば、小津や溝口や成瀬の映画でもまったく見たことがなく、日本に来てからもまだ見ていないことがあります。とても面倒なことを言おうとしているのですが、小津、溝口、成瀬、あるいは、私のまだ知らない日本の偉大な映画作家が私に隠していること、見せないでいることがあるのです。今、私は日本にいるのだけれども、いまだに見ていないものがある。つまり、映画においては、見せるということと同様に、見せないこと、隠すことが大切な場合があり、おそらく、映画とはあなた方のものごとに対する視線や視覚を一点に集めるものなのです。これが、私が挙げた三人のような偉大な映画作家が取り組んでいたことでしょう。彼らは日本を見せなかったのです。頭の働きや感情や意味がばらばらにならないように、彼らは何かを一点に集め、見る者の視覚を集中させているのです。いつも言っているのですが、映画とは視覚の集中のために作られたものなのです。集中させるということは隠すことでもあります。日本とは小津の映画のような国で、昔は溝口の時代物のようだというのは型通りの表現です。クリシェでしかない。感じるということは理解することと同義だと思うのですが、私は以前よりも日本のことをよく理解し、感じとることができる。例えば、これは笑い話ではないのですが、日本では、道で妊娠した女性を見かけることがないような気がします。そのことに気がついたのは、小津の映画を何本か見た後です。東京の街中で妊娠した女性を見ることがないということが何を意味しているのか。小津の映画には、それを理解するための手がかりが幾つかあるのですが、それは隠されている。言い換えれば、小津は私に妊婦の不在を気づかせたのです。つまり、小津のように、極めてリアリスティックでほとんどドキュメンタリーのような作品を作る映画作家であっても、何かを隠して映画を撮ることがあるのです。どこかに秘密は存在しており、幾つかのことを明確にするには、他のことを隠さなければならない。「日本」という枠組みから少し外へ出て考えてみるべきではないでしょうか。日本人の方は不快に思われるかもしれませんが……私にとって、真の日本のドキュメンタリー映画は小津なのです。日本にいる知人や日本人の友人全員を、私は小津の映画を通して以前から知っていたのです。私が今言ったことは、小津の日記のなかにあります。彼自身の手で書かれたものですが、小津は次のように言っています。「登場人物を自分の頭のなかで考え出したことは一度もない。私は実際の友人を映画のなかに複製するのだ」。

皆さんに伝えたいことは、映画は本当に優れた力、つまり、究極の機能を持っているということです。究極の機能といっても、芸術的、美学的な機能が根底にあるのではありません。私にとって最も大切な映画の機能とは、何かが機能不全になっていることを感じさせることです。ドキュメンタリー映画であれ劇映画であれ、それは変わりません。映画は撮影され、上映された最初の時から、何かがうまくいっていないことを示すものだったのです。それは工場であり、人々がそこから出てくる姿でした。写真を例にとってみれば——写真は映画とは異なりますが——やはり私たちの世界に近いものでしょう。私たちは自分が見ているものの証拠を得るために写真を撮るのです。多くの人々が目にした最初の写真は、新聞に掲載されたもので、パリ・コミューンの死体[*2]でした。そこに参加した人々の死体を撮ったものだったのです。もうお分かりになるかもしれませんが、私たちが目にした最初の映画は、〔工場という〕牢獄から出てくる人々を撮影したものであり、新聞に印刷された最初の写真というのは、世界を変えようとした人間の死体だったのです。このことは、映画や写真、ドキュメンタリーやフィクションについて語るための基礎知識ではないかと思います。ある種の基本的な歴史データですが、最初の映画と最初の写真は、むごたらしいものだったのです。愛の物語ではなく、不安がそこにはあった。そして、誰かが機械を手にして世界を省察し、思考し、問い直そうとしたのです。私にとって、映画や写真、今日ではヴィデオを作ろうとする今述べた欲望に基づいた行為には、非常に強い何か、「忘れてはならない」と主張し続けるものがあります。最初の行為、最初の写真、最初の愛。こうしたものが最も強く、私たちが忘れることのないものであり続けるのです。

問題はその後にあります。最初の映画、つまりリュミエール兄弟の『工場の出口』(一八九五)に続く二本目の映画も、やはりリュミエール兄弟によって撮られた工場でした。そこでは事態がねじれ、複雑になり、急激にひどい事態になってしまう。自分たちが所有する工場から出てくる労働者の表情に満足していなかったリュミエール兄弟は、労働者に「もう少し自然にしてくれ」と要求した、つまり彼らを「演出」したのです。この場合、一番初めにあったものは消えてしまう。愛の最初の行為、つまり愛であると同時に批判的な、非常に強い身振りは失われてしまいます。最初の眼差しというのは非常に力強いものです。リュミエール兄弟は労働者たちを演技指導したのです。「左へ行って、右じゃない。君、もう少し笑ってくれないかい。あなたは奥さんとそこから歩いていってくれ」と。これは演出です。パトロンが従業員、労働者に命令することで、フィクションが生まれている。明らかに、最初のシナリオ、私にとってシナリオというのはつねに法や規則にほかなりませんが、映画の規則を書き記した本、製作者側のシナリオだったのです。これは見せかけのシナリオです。少女を演じる女優にはどれくらいの予算が必要で、愛人役の俳優にはこれくらいかかるとか、少年を叱りつけた父親の役を演じる役者にはいくら支払わなければならないし、全部でこれくらいお金がなければならないとか、そういうことが書き込まれていたのです。最初のシナリオとはそういうものだったのです。

同じ頃、あるいは、もう少し後のことでしょうか、シナリオなしに撮られた映画が現われました。奇妙なことにこれらの映画は今日でも存在し、シネマテークに保存されていますが、それはブルー・フィルムです。私が言いたいのは、シナリオのある初期の劇映画、またはシナリオのある劇映画と私たちが理解しているものは、愛の物語があって登場人物が喋っている恋愛劇だったということです。シナリオのない初期の映画、だからドキュメンタリー映画とも言えるわけですが、どことなくアマチュア的でプライヴェートなポルノグラフィだったと言うこともできる。二〇世紀の初頭、一方には最初の映画監督たちがいて、フィクションを書いている。彼らのシナリオはどれだけ必要なものにお金をかけるかが記されているという点で、経済活動についての物語なのであり、また愛の映画、恋愛喜劇でありメロドラマなのです。他方、シナリオなしに映画を撮る作家もいた。彼らもまた愛の話を、つまり愛の行為を撮影していました。ブルー・フィルム、ポルノグラフィのことですが、それにはシナリオはなかったのです。繰り返せば、フィクションによってものごとを提示する人がいて、愛の物語、娘や父や母親がいてハッピー・エンドがあるような物語を作っていた一方で、愛の行為を、誰かと誰かがセックスすることを描くような人々がいたのです。興味深いのは、映画におけるドキュメンタリーとフィクションとは、まったく同じ概念から同時に生まれたということです。すなわち「愛」です。ただし、経済活動の領域が存在すれば、そこから産業、そしてマーケットへと発展していきます。ある生産物を買おうとする人々の欲求は、市場の論理となるのです。すべてではないとはいえ、これが二〇世紀初頭のハリウッドのフィクションの一側面であり、それが今日でも拡大し続けている。それとは逆に、シナリオなしのはっきりとした市場や産業を持たない映画がありました。それがアマチュア映画やホーム・ムーヴィーなのですが、これらの映画もまた愛の映画だったのです。エロティックな映画、家族についての映画、こうしたものもやはり愛の映画と言えるでしょう。しかし、こうした映画は、映画のために映画を作る行為へ続いていくだけに留まりました。したがって、このふたつの傾向に橋を架けようとする人々が必要でした。

二〇世紀初頭、ドキュメンタリーのなかに少しフィクション的な要素を入れ、その反対に、劇映画のなかにドキュメンタリーの要素を入れることに成功した人々がいました。つまり、プライヴェートなものを扱いながらお金について考える一方で、経済活動のなかでプライヴェートなものを考えた人々がいたのです。ドキュメンタリー映画と劇映画の統合を少しだけとはいえ成し遂げた最初のシネアストたち。この時代、個人的な映画、または自分のよく知っている場所、村だとか家のなかで撮られたホーム・ムーヴィーが、ドキュメンタリー映画だったのです。それに対して、すべてを見せる映画、公の場で撮影された劇映画がありました。この「公的なもの」と「私的なもの」を統合した監督、それがデイヴィッド・W・グリフィス[*3]です。皆さんもご存知だと思いますが、彼こそ戦争映画であると同時にポルノでもある映画を作ることができ、性と恐怖とを同じショットのなかにおさめることができた監督です。そうした映画が、『國民の創生』(一九一五)であり『イントレランス』(一九一六)だと言えるでしょう。これらの映画には、人間のパッションと恐怖によって、愛と戦争というふたつのことが可能になるという、非常に強い意識があります。

ですから、すべての人が知っていて、もう一度見たいと思っているものを映画は見せることができるけれども、とてつもなく暴力的なものは見せてはならない、隠さなければならないとグリフィスは考えていたように思われるのです。例えば、グリフィスは、不在という概念によって映画は最も力強い芸術となる、つまり、映画とは不在の芸術であるという考えを理解していた、あるいは、実験さえした最初の人だと言えます。ここで言う不在についいて簡単に説明しましょう。私の『骨』は溝口健二の『赤線地帯』(一九五六)とまったく同じように終わります。ひとりの少女が扉を閉めて観客の方を見るのですが、扉は見る者に対して閉じられている。つまり、あなた方はこの映画のなかに入れないのです。その時から、入口の扉を開けることができない。別の言い方をすれば、この映画、この世界に入らない方がよいのかもしれない。溝口はこの映画を日本、いや日本に留まらず普遍的な職業とも言える売春についての作品を作ったのですが、映画はこうした問題よりもさらに奥へと進み、苦悩や極限状態を突きつけます。それは人が他者に対して、男が女に対して強いる苦痛であり極限状態であり、最終的にはそこにいる人自身が抱え込むしかないものでしょう。溝口が言いたかったことは、「ここから先は、本当に耐え難いほど苦しいので、映画すら存在しない」ということだったのではないでしょうか。扉が閉められた後に、存在可能な映画はない。それは恐怖であり、だから扉の先には行ってはならない。映画は見る者に向けて閉じられているのです。ご覧になった『骨』という映画は、皆さんに対して閉じられた扉で終わります。この場面を撮った時には、溝口の映画のことは知りませんでした。私は少女が扉を閉めることがラストになればよいと考えていたのですが、溝口のことは考えもしませんでした。私は溝口の全作品を見ていますが、その時はこの映画を見ていなかった。彼の映画の方が、後からやってきたのです……。自分では、溝口のできなかったことを少しだけやれたような気がしているのですが。

劇映画なのかドキュメンタリー映画なのか、あるいはこの『骨』という映画はドキュメンタリーとフィクションのどちらに傾いているのか、私には分かりません。ただ閉じられた扉があり、それが何かを想像させるのです。お分かりになったかもしれませんが、『骨』は皆さんがよく知っていることから生まれた映画です。類似性を指摘されるかもしれませんが、それはチャップリンに、映画初期のメロドラマに影響を受けています。食べるものがないひとりの少年が赤ん坊を抱いている、道を車がすごいスピードで走っていく、パンがあれば売春婦もいて、台所が描かれる。こうしたものすべてが映画の初期には存在していたのです。しかし、ドキュメンタリー映画のように撮りたいという強い気持ち、この欲望があったとしても、フィクションがそれを奪いとってしまい、映画を支配することになります。非職業俳優を使っていて、彼らは現実社会での彼らの姿にとても近い、少年は本当に貧しい少年で、家政婦の娘は家政婦でしかない、場所は現実に存在する場所であって、スタジオ撮影ではない、こうした状況があったとしてもです。フィクションとは、つねに開けるか閉めるかの扉なのであり、他のものではないのです。フィクションとはシナリオではありません。知らなければいけないことは、扉が出口なのか入口なのかということです。

今日、映画において扉を開けるといっても、ごくうわべだけのことではないでしょうか。つまり、観客に対して「映画のなかにお入りなさい、気分がよくなるから。とても幸せな時間が過ごせます」と言うことが扉を開けることだと思われている。最終的に私たちがこうした映画のなかで見ることができるものは、自分自身でしかありません。映画におけるフィクションとはまさにこのことを示すものです。観客が自分自身をスクリーン上で見るのです。スクリーン上にフィルムはなく、登場人物の仕事もなければ、何かをしている人々もいない。自分自身があるのであって、ハリウッド全体がこうした映画に基準を置いているのです。今日、観客がよい映画に出会うことはめったにありません。観客は自分自身を見ているのであって、映画を見ているのではないのです。彼らは見たいと望んでいるものを見るのです。映画を見るということが稀にあるのだとすれば、映画がその世界に入ることを見る者に拒む時でしょう。扉があって、観客に「入るな」と言うのです。逆に、その地点からこそ観客は映画に入ることができる。観客はスクリーンの上で、自分に抵抗してくるものがあるかどうかを見ることができるのです。すべてがすでに分かっていることならば、スクリーン上に自分を投影するだけで、他の事物を見ることはないでしょう。見るのは自分自身でしかありません。愛の物語であれば、観客自身の恋愛を見ることしかない。一本の映画を見るということは非常に困難なことなのです。このように言うのは私だけではありません。見るということは私にとって難しいことです。私が「見る」と言った時に、それは現実にものを見ることです。冗談ではありません。というのも、皆さんが映画を見ていると思う時には映画を見るのではなく自分自身を見ているのです。奇妙なことですが、これが現実に起きていることだと確信を持って言うことができます。映画を「見る」ということは非常に稀なのです。映画を見ることは、泣いている登場人物と一緒に涙を流すことではありません。これは本当に重要なことです。もしこのことが分からなければ、何も分かっていないということになる。だからこそ、閉じている扉のことについてお話ししたのです。私にとってじっさいに扉がなくとも、扉として機能する映画が数本あります。こうした映画は、映画の主人公としてあなた方を映画のなかに入れさせることがないのです。あなた方は映画の外側にいるしかない。そこでは、映画とあなた方のあいだに境界がある。ふたつの異なる実体があるのです。私は、このような分割を行う作品を幾つか知っています。それは、小津、溝口、成瀬の映画です。

扉が絶対に必要なのです。それは私有財産に属するものではないのです。ですから、一方的なやり方で扉が閉じられていてはいけません。それを開けるのも閉めるのもあなた方次第なのです。映画では、つねにあなた方観客が決定することで、扉は開きもすれば閉まりもするのです。『ラスト・サムライ』（エドワード・ズウィック監督／二〇〇三）をご覧になったでしょうか。皆さん観に行くのでしょう。たとえ不快感を覚えることになると分かっていたとしても、皆さん日本人ですからね、私は確信しているのですが。まるでジャンク・フード、スイーツのようなものです。欲が湧いてきて日本人としては居心地が悪いはずなのに、観に行くのです。私はこうした映画を扉が開きっぱなしの映画と呼んでいます。商売とはそうしたものです。マクドナルドのドアはいつも開いているでしょう。しかし、『晩春』(一九四九)や『秋刀魚の味』(一九六二)は完全に開かれた映画ではありません。そして『骨』も扉を少しだけ閉じた映画です。幾つかのことを隠すと同時に、あなた方が感じる痛みを少しだけ告げているのです。不幸のしるしなのかもしれない。

皆さんご存知か分かりませんが、ある称賛——いま述べたことに少し関係した、溝口の小津に対する非常に美しい賛辞があります。ある日、ジャーナリストが溝口に同時代人である小津の映画を好きかどうか尋ねました。溝口は「もちろん」と言ったのですが、ジャーナリストの「なぜか」という問いに対して次のように答えたのです。「小津さんがしていることは、私がしていることよりもはるかに難解で謎めいている」*4。これは最上級の賛辞でしょう。というのも、皆さんは私よりもよくご存知だと思うのですが、溝口が詩的、神秘的な映画作家として考えられているのに対し、小津は現実の世界から離れることのない、非常にリアリスティックな映画作家だと見なされているからです。扉を用いてこの監督がなしていることは、私の試みていることよりもよほど難しいことだ、と溝口は言ったのです。美しいのは、溝口が謎や秘密を描いた映画作家であるのに対して、小津は扉や窓、入口や出口、結婚の映画作家だということですが、これは基本的なことです。あたかも溝口が言ったかのように言おうとすれば、次のようになるでしょう。「私はあらゆる霧を用いて神秘的なものを、あるいは、謎めいた霧を描くが、扉と路地を描く男と比べればくだらないものに過ぎない」。そのほうが遙かに困難で神秘的なのです。溝口が言いたかったのはこういうことだったのだと思います。ひとりの天才がそう言ったのです。映画作家が他の作家に対して言う賛辞のなかで、最も偉大なものではないでしょうか。そして、ドキュメンタリーとフィクション、リアリズムと想像力とは何かを示す最も美しい定義ともなり得ているように思われるのです。

今まで述べてきたことを少しまとめてみましょう。単純なことです。皆さんにも同意していただきたいのですが、溝口、小津、グリフィス、チャップリンという映画監督は、私にとっても最も偉大なドキュメンタリー映画作家であり、生や現実をフィルムにおさめた最も偉大な映画作家です。彼らは何かを隠す映画作家でもあります。彼らは扉を閉めるのですが、それを開くことができるかもしれないのはあなた方なのです。しかし、小津や溝口、グリフィスやチャップリンのような映画の扉を開けるのは非常に難しく、危険でさえある。ひと仕事になってしまうのです。すべてを見せていると思いこんでいる時、すべてを見せるようなドキュメンタリーを作っていると思いこんでいる時には、じつは何も見せることができていないし、何も見えていない。注意力が散漫になっているだけなのです。あなた方は映画の外側にいて、スクリーン上に留まっていてはいけません。スクリーンで苦しんでいる登場人物と泣いたり、苦しんだりしては決してならないのです。もしもそうなってしまったのならば、マクドナルドへ行く時にしていることとまったく同じです。皆さん、映画を介せずともよくご存知のことでしょう。ここにいる全員が、すでにフィアンセや誰かを裏切ったことがあり、あるいは、感情的に間違いを犯したことがあるでしょうから。私自身が涙し、いつも感動してしまうのは、日本の一五世紀か一六世紀のふたりの恋人の愛の話です。それは私にとって完全に抽象的な話なのですが、こうしたことに昨日マドリードで起こったようなテロ行為[*5]をテレビで見るよりも心を動かされるのです。たったひとつの言葉でさえも人を殺すことがあるのではないでしょうか。人を救うことがあるかどうかは知りませんが、適切な時にうまく用いられ、よく機能し、きちんと思考されるのであれば、たったひとつの言葉でも良いものを生み出すことができるのです。こうした言葉は、溝口や小津やジョン・フォードの映画のなかにはありますが、テレビのドキュメンタリーやルポルタージュのなかには存在しません。たったひとつのもの、役者のわずかな動作やちょっとした視線であっても、すべてを「見せる」ドキュメンタリーに比べて、苦痛、不幸、喜びについて多くのことを語ることができるのです。

ですから、ドキュメンタリーとフィクションとのあいだに線を引くことのできたじっさいの映画作家など、じっさいには誰ひとりとしていなかったと思うのです。自分はドキュメンタリー映画を作っているのだろうか、それとも劇映画を作っているのだろうか、どこで両者は隔てられているのかなど、私は今まで一度たりとも考えたことはありません。そのような問いは存在しない。私たちが撮っているものは生なのです。私が扉を閉めれば閉めるほど、観客がしたいと望んでいること、満足感を与えることを阻むことになります。観客は自分自身をスクリーン上で見たいと思っていますが、私はそうさせたくないのです。

私が扉を閉めるにつれて、私や映画に対して文句を言う観客の数も増えるでしょう。ですが、少なくとも彼らは不快で戦争状態にあると私は考えたいのです。つまり、世界と同じような状況に置かれるのです。不快であること、気詰まりな思いをすること。つねに快適であれば逆に問題でしょう。いかなる映画や音楽であっても、芸術と呼ぶもののなかで我々がしてきたありとあらゆる作業は、私にとって列車のようなものです。生の傍らを走り続けながら決して交わることのないものなのです。

それは映画を作るという作業であって、映画を見る作業と比肩しうると思います。映画をよく見ることとは、映画を作るのと同じくらい、かなり難しいことなのです。小津の映画をじっさいに見るのは非常に難しいことだと思うのですが、それは彼の映画が人間やその情念に関する真のドキュメンタリー映画となっているからです。ほんの小さなディテールなのですが、地球の片隅にある日本を示すものがあります。本当に映画の細部で、黄色のビール瓶があって緑色ではないということなのですが、それは日本的なものを示している。ここで重要なのは、人間が人間に対して行っていることについてのドキュメンタリーです。しかし、私にとっては小津が日本人である——私は彼はポルトガル人だと思うのですが

――というディテールになるのです……。誰もが抱えがちですが、いわゆるドキュメンタリーを作る時に、私たちは得てしてナショナリストの思考のなかに陥ってしまいます。それもあっという間にです。皆さんが山形国際ドキュメンタリー映画祭のようなドキュメンタリー映画祭に行くと考えてみてください。チリやアルゼンチンなどで制作された数多くの映画がそこにはある。チリの映画を見るのだとしましょう。鉱山や労働者の問題がチリにおいて重要で特殊なものでないわけではありません。しかし、一般的に言ってこうした映画はひどい方法で撮影されていて、つまらない見方で鑑賞されてしまうのです。職人あるいは芸術家や映画作家がしたことのすべて、すなわち忍耐であるとかその技巧といったものが顧みられることなく上映されてしまうのです……。

映画を作る楽しみとはそれ以上でもそれ以下でもないのであって、ある問題を主題として見せることではありません。映画を作る一番の理由は映画を作ることに喜びを感じるからで、それは仕事をすることの喜びなのです。仕事に楽しいことが見出せないのであれば何も残らないでしょう。では、ドキュメンタリー映画が備えていなければならないもののうちで一番大切なものとは何か。それは映画を作っている人間がよく働いているということであり、その人が何かに近づき仕事をしているということです。映画というのは、つねに撮影や制作過程のドキュメンタリーであるとも言えるでしょう。そして、小津や溝口のすべての作品もまた職人仕事に基づいた映画であり、仕事や働く喜びについての映画となっています。仕事は良いことであり、うまく運んだ仕事は美しい。すべては言い尽されており、それで映画としては十分なのです。上手に進んだと思えるような制作過程の方が主題よりも重要です。例えば、皆さんがご覧になった『骨』のなかで私は他の人々と喜びや作業を共有しましたが、その際に私の課題は次のようなものでした。まず面白く、良くできた映画を作ること。次に、映画についてまったく知らない人々と映画を作ること。その欲望が、倫理的にも映画的にも（と私は望んでいるのですが）この作品を刺激的なものにしたのだと思います。これは映画が貧しさや苦悩について語っていたからではなく、十分に公正かつ正確な方法で構築されていたからです。

さて、ドキュメンタリーとフィクションの話を終わらせるにあたって繰り返し述べておきたいことがあります。皆さん映画の学生ですし、多かれ少なかれこの問題に関心を持っているものと思いますが、自分たちの作っているものが、ドキュメンタリーとフィクションのどちらの要素を含んでいるかを考えてはいけないでしょう。そうした問いはまったく面白くないし、理論的な重要性はあるかもしれませんが作り手が映画を作る際に提起すべきものではありません。私たちはこうした問いを立てませんが、後から批評家たちがこれはフィクションだとか言うのです。私にとってそのようなものは存在していません。存在してはならないのです。問題はそこにはない。しかし、本日この議論をしようとして非常に複雑なことがあると気づくようになりました。私はこの映画のあとで『ヴァンダの部屋』を作りました。日本人でもアメリカ人でもイギリス人でもいいのですが、ジャーナリストが私にいつも尋ねる質問があります。「あなたはこの映画を劇映画に近いものとお考えですか、記録映画に近いものだとお考えですか」。私自身は、この質問が別のことを意味しているのではないか、別の問いを隠しているのではないかと思うことがあります。彼らが聞きたいのは「この映画は本当ですか、嘘ですか」ということなのではないかと。

皆さんに理解していただけるか分からないのですが、もしヨハン・セバスチャン・バッハの音楽を聴いている時に皆さんが恋愛問題を抱えていたとしても、バッハは皆さんに対して無関心なのです。あなた自身や彼女、あなたの抱えている問題や感情の状態などまったく関係ない。個人的な問題には意味がないのです。バッハはドキュメンタリー映画作家と同じだと言えるのではないかと思っています。感情的な要素、自分自身に関する要素を作品に入れることのなかった人だからです。映画とは投射という強い力を持ったものだと思いますが、これにはふたつの側面があるでしょう。何かが行き来するわけですが、スクリーンからあなた方へ向かってやって来る場合と、逆にあなた方からスクリーンのほうへ向かっていく場合のふたつの方向があるのです。

これは、特に恐怖の問題と大きく関係しています。この問題こそ、偉大な映画、偉大な映画作家と凡庸な映画作家とを隔てるものなのです。凡庸な映画作家、駄作しか撮らない映画作家というのは、スクリーンに存在する恐怖を利用します。影や投影されたものと戯れること。そこに恐怖がある。光が消えたり点いたりするというのは恐いでしょう。劇映画であれ、記録映画であれ、ひどい映画作家というのは、私たちの恐怖心をつまらないやり方で利用するのです。恐怖、欲望、投射。この三つの言葉は、皆さんもお分かりのように、心理学や精神分析でよく用いられる言葉です。私自身は、映画を心理学や精神分析の治療のようにしてはならないと考えています。映画が精神分析に入り込んでいけばいくほど、みな混乱してしまうのです。

チャップリンがチャーリーと呼ばれていた頃の映画をご存知でしょうか……。あまり多くの方が見てはいないようですね。ここに来る前からチャップリンの映画を少しお見せしようと思っていました。なぜなら、チャップリンこそここでお話ししたことすべて、ドキュメンタリー、フィクション、恐怖、欲望といったことすべてに関わる最初の人だからです。そして、チャップリンだけが——と私は思うのですが——経済的にも成功したということのできる唯一の映画監督なのです。成功した人物と言う際には、ピカソのような人も挙げられるでしょうか。チャップリンは言っていました。「貧しいものを演じることによって、私は生計を立て、金持ちになった」。これは重要なことです。なぜなら、貧窮や何かが不足している状態、お金や愛や食べるものがない状態を表現することによってお金持ちに、本当の大金持ちになった映画監督は彼しかいないからです。チャップリンがお金や食べ物や愛に飢えている状態を映画に描けば描くほど、彼はお金も美味しい食べ物も女の子も手に入れることができたのです。そして、彼自身が成功を手に入れただけでなく、彼の映画は世界中で上映・鑑賞され、愛されました。これほど多くの人々を感動させた映画監督はいないでしょう。こうした人こそ、映画史的にも倫理的にも本当に偉大な人間と言われなければいけません。記録映画、劇映画、メロドラマ、ミュージカル、西部劇といったジャンルを問わず、あなた方が目指しているものすべてにおいて、こうした人間は偉大なのです。チャップリンは、自分の人生を映画とはまったく反対のものにしたのですから。彼は、映画のなかでじっさいの人生と異なることすべてをなしたのです。私がチャップリンの映画をお見せしたかったのはこういう理由です。チャップリンは、私にとって最も偉大なスキゾフレニーなのです。かつてフランスでランボー[*6]という詩人がこう言いました、「私とは他者である〔je est un autre〕」[*7]と。日本人の皆さんがこの言葉を理解できるか分かりませんが、これこそチャップリンにあてはまる言葉だと思います。じっさいに、彼のなかにはふたりの異なる人間が存在しているのです。一方は主人でもうひとりは奴隷、あるいは芸術家であると同時にその観客でもある。こう考えることによって、生の方向であると同時に生の夢でもあるようなものを描く極北の地点まで、映画は到達することができるのです。チャーリーがボクシングをしている映画をお見せしようと思いましたが、探すことができませんでした。かわりにやはり傑出した作品『チャップリンの失恋』(一九一五)を見ていただきます。できれば先ほどお話ししたドキュメンタリーとフィクションの関係について思考しながら見てほしいと思います。そして、見終わった後で私の質問に答えてもらいたいのです。皆さん、木、ドア、車、動物といったものをご覧になりましたか、という質問です。誓って言いますが、扉が扉であり、犬が犬であり、銀行券がこの映画のなかにでてくるように銀行券以外の何ものでもないことを目にすることはめったにありません。「チャップリンの映画のなかで描かれているよりもしっかりした扉を一回でも見たことがある」と言う人がいらっしゃるのであれば、私は一万円差し上げようと思います。賭けですね。チャップリンの初期作品のなかの一本ですが、この作品のなかにはすでに、ものごとや事物、木やお金や車といったものに元の姿を与え返して、それを提示しようとする姿勢が現われています。この姿勢が私たちに過度の集中を強いるために、今日ではチャーリーの手に小切手が握られている姿を見ると目が痛くなり、車が通ればぞっとするのです。

いわゆる授業や講義にあたる日本語を知りませんが、映画に関して授業を行うというのは非常に困難な作業です。今でも住んでいるリスボンの映画学校に私も通っていました。皆さんと同じくだいたい二〇歳から三〇歳くらいまでのあいだです。映画学校に行くことになった時、私は映画に関してまったく無垢な状態で、どちらかと言えば音楽の方に興味を持っていました。自分が将来何をするのか分からなかったので、とりあえず映画学校に入ったのです。そして映画のなかに自分を惹きつけるものがあると思うようになりました。ただ、その時にはそれが何か分からなかったのですが。

ですから、私自身、映画学校に行ったとはいえ、講義とか授業というものには曖昧な意味が含まれていると思っています。演出や編集や演技指導に関して何か言うことができると考えているのは、あくまでも映画学校や映画監督の側でしかありません。もちろん、映画の文法であるとかキャメラやその機能、音や編集といった、あらゆる技術の原則を習得することはできるし映画史を学ぶこともできるでしょう。しかし、強調したいのですが、感情と関わるものを教えるということは――私はこの少しばかり古めかしい言葉を年寄りくさくなることを承知であえて使いたいのですが、映画とはとりわけて感情によってできあがっているのです――非常に危険な領域です。皆さんに教えることができるのか私には分かりません。すでにご自身の内にお持ちだとしても、学ぶことができるのだとしても、それは少しばかりの技術的なものでしかありません。

結局のところ、映画学校の学生の作業とはとても孤独なものです。自分自身の感情と作業するしかない。つまり、自分の感情について考え、素晴らしい人間にならなければいけないのですが、自分自身について知ることは不可能でしかない。ところが、俳優に指示を出す時、つまり目の前に役者がいる時には、感情によって作業することしかできないのです。

私のことを考えてみれば、学校へ入った時、どちらかというと私は音楽に関心があってギターを弾いていました。やや秩序破壊的なロックのムーヴメントがあり、他人から言われることに対して私も反抗的でした。学校には教師に「ノー」と言うために行っているのだと自分でも考えていたのです。同時に矛盾した気持ちも少しずつ生まれてきました。つまりイエスとも言うようになる。キャメラのなかに光をどうやって採りいれるのかとか、レコーダーをどのように使えばよいのかとか、編集台の使い方、動かし方を学ぶようになったのです。しかし、何かを感じるということ、それをどのようにスクリーンに描けばよいのかということを私に教えてくれた人は、誰ひとりとしていなかったし、じっさいにそんなことを教えられる教師などひとりもいないのです。

ある意味で私を信じ過ぎてはいけないと皆さんに言いたかった。私は映画学校の先生ではないのですから、私に抵抗してほしいと思います。それこそが私にとっても糧となるのです。今、自分が映画学校、映画の世界に入った時のことを皆さんに話していますが、同時に師、先生、権威的なもの、知識に対する抵抗の姿勢についてもお話ししています。こうした抵抗についてなぜ話すのかといえば、抵抗すること、あらゆるものに抗うことこそが、映画を作るひとつの支柱となるからなのです。

私はメタファーがあまり好きではありません。メタファーというのは映画にとって避けるべきもののひとつです。けれども、この場所、この映画学校にはなかなかよいメタファーがあります。先ほどこの学校はもともと本当の銀行だったと松本さんがお話ししてくれた[*8]際に、私はルビッチ[*9]の『極楽特急』(一九三二)を思い出しました。この映画のなかにひとりの登場人物が銀行へ行く場面があります。彼は不安いっぱいで混乱して、小切手を書くかわりに――彼は書かなければならない小切手を書かないのです――ラヴ・レターを書いてしまうのです。これはとても美しい場面です。なぜならば、ここには矛盾があるからです。銀行のなかでラヴ・レターを書くなんて！　私が言いたかったメタファーというのは、皆さんは銀行の建物のなかにある映画学校にいて、ふたつの組み合わせによって問題が生じるということなのです……。

この銀行についての考え、私たちが銀行のなかにいるということから、チャップリンの考えていたことに至ることができるでしょう。すべてが関係しています。映画とは、余剰やインフレーションに立ち向かう芸術ではないでしょうか。目的を欠いた巨額な予算、溢れるばかりの映像、過度に装飾的な効果といった、ありとあらゆるものを最大限に集めるといった考え方に抵抗するのです。映画とはもっと少ないものからできていて、それを構成する要素の数を次第に減らしていかなければならないと思います。何もミニマリズムのことを言おうとしているわけではありません。しかしながら、あなた方自身のなかに適正な感情を、本質的でおそらくは非常に繊細なものを見つけなければならないのです。迷子にならず、インフレーションのなかに巻き込まれることなく、自分自身のなかの奥底まで行かなければならない。銀行とはインフレーションにほかなりません。

幾つかのことを考えてみるにあたって、まずチャップリンあるいはチャーリーという存在を考えてみましょう。多くの作品のなかで立派なホテルや銀行に彼が入るとすぐに追い出されてしまう、そんな場面が描かれています。彼はある場所に入ることを拒否され、なかに入ればすぐに外へ追い出されてしまうのです。一貫していると言ってもいいでしょう。ですから彼が同じ場面を繰り返すのは偶然ではありません。チャップリンが徹底してこだわっているということからすると、彼が言いたかったのは、映画とは街路であるということだったのではないでしょうか。映画とは道で生まれ、道からやってくるものであり、最もか弱きものたちとそこに留まるものなのです。暴力に訴えかけるものではありません。映画は、お金でなくポエジーを待ち望む人々と一緒に道に留まる。銀行家ではなく、感情を必要とする人とともにあるのです。

『チャップリンの失恋』という素晴らしい映画を皆さんご覧になったと思いますが、この映画のなかでチャップリンは物乞いであり放浪者であって、家を持たぬ者、道を彷徨する者です。つまり、彼の家とは道なのです。空が屋根で、その下に住まうべき街路があるのです。彼が私たちに表現したかったことは、研ぎすまされたありとあらゆる感情を持ち続けること、はかり知れない感情のスペクトルを手に入れることが人に必要だということでしょう。事物を感じることがないのだとすれば、技術的なことを活用することもできません。編集や画面構成や録音といった技術のなかにも、感情が存在しているのです。そこに持ち込まなければうまくいかない。

チャップリンはとても感受性にあふれた人でした。絶望から歓喜に至るまであらゆる感情を持ち、その幅の豊かさを映画監督としての技術的な能力のなかで示すことのできた人だった。肉体的な面においても最も偉大なダンサーであり、天才的な俳優でした。その身体の姿は本当に素晴らしいのですが、それは彼が感情と技術というふたつのものを持っていたからです。そのことについて話したいと思ったので、皆さんにチャーリーの映画をお見せしようと決めました。じっさいチャップリンは編集やキャメラをどこへ置くかということに関して、幾つかの原則を生み出しています。その技術の原則を倫理的な態度と言ってもよいかもしれません。想像を絶するくらい豊かな感情が、別の感情を呼び起こすのです。

皆さんがご覧になった『チャップリンの失恋』という映画は、チャーリーの登場する初期の作品のうちの一本ですが、チャップリンが後の映画作家としての人生を通して試みようとしたもの、例えば最も弱きもの、絶望の淵にあるものといった彼の映画の要素のほとんどすべてがそのなかに現われています。そして非常に単純かつ慎ましい方法で、どのように事物を見せるかという幾つかの映画的メソッドをすでにして彼は自分のものとしているのです。映画はずっとミディアム・ショットで撮られており、登場人物の姿のほぼ全体がフレームのなかにおさまるように描かれています。つねに身体全体が映っている。また先ほどチャップリンの遺作『伯爵夫人』(一九六六)からの抜粋も見ていただきました。チャップリンの生涯については皆さんご存知だと思います。どのようにして彼は晩年を迎えるに至ったのか。彼は莫大な富を手に入れましたが、同時に非常に不幸でもありました。何度も自身の活動を邪魔されたのです。特にアメリカでは。*10

それはさておき、彼の初期作品の一本と遺作の一場面について話しましょう。この『伯爵夫人』というとても不思議な映画を観てもらいたいと思ったのは、チャップリンが晩年に至ってもなお、闘争すること、先ほどご説明したことですが、インフレーションと闘うことをやめていないからです。マーロン・ブランドとソフィア・ローレンという当時の大スターが、扉以外何もない部屋にいます。扉のゲーム……。チャップリンが初期の彼自身にいまだ忠実だと言ってもよいのですが、一本の映画を可能な限り少ない要素で、つまり人間的なもので作ろうとするのです。描かれるのは人間であり、カップルであり、ひとつの部屋だけです。物語は船の上で、さらに言えば部屋のなかで進行するのですが、それ以外は何もないのです。そこから出発しなければならない。映画を撮るということは困難な作業なのです。

『伯爵夫人』という映画は、薄っぺらなあまり出来のよくない映画なのかもしれません。それまでに幾千回となく繰り返されてきたギャグの映画なのですから。しかし私は、いきいきとした何かが、生命力ある何かがあるように思えるのです。死に対して全力で抗うという最初の話に戻りましょう。たとえ二つ三つの扉しかなくて、大スターであるふたりの俳優にほとんど白痴のような役が与えられているとしてもです。白痴というのは、私たちも皆そうなのですが、単純で少々ばかげた人々のことでしょう。そういう人間が扉を開け閉めするだけの映画。しかし、扉を開け閉めするということこそが生なのです。そのことがチャップリンが私たちに伝えようとしたことであり、素晴らしい簡潔性があると思います。あらゆる偉大な芸術家の造作がそうであるように――小津や晩年のジョン・フォードもそうだったのですが――非常に純粋ではっきりとしたある種の一貫性が存在しているのです。日本的であると言えなくもない。それはまっすぐに伸びているただの線で、ひとつのことを意味している。すなわち生です。

チャップリンだけでなく、小津やフォードのように老年を迎えること。何らかの意味で、映画作家は映画を作る作業のために少し年老いていなければならないのだと思います。私たちはみな歳をとらなければならない。皆さんは二〇歳、二五歳くらいですが、あなた方が役者を使って富士山に対峙するようなショットを撮ろうとする際には、二〇歳でありながらも同時に八〇歳でなければならないのです。これこそ映画において困難なことにほかなりません。二〇歳であると同時に八〇歳でもあるかのように感じること。先ほども言いましたが、生に対するあらゆる感情がショットのなかを通過しなければならないのです。

偉大な芸術家が晩年に到達した、映画を貫く「線」についてお話ししました。彼らはあらゆるもの、すべての表面的なものや心理学に関するあらゆるものを取り払うことに成功し、原理的なものに至りました。映画についての文章も書いているジル・ドゥルーズ[*11]という哲学者がいますが、老いに関してとても美しいことを言っています。「老人とは自分であること以外のものを必要としない人間のことである」[*12]。私たちが老いと呼ばれるものに至る時には、ただ老いているだけなのです。老いること、それはある方法で世界をより注意深く見つめるということです。誰かを誘惑する必要はないのです。つまり、効果《エフェクト》も必要なければ、あたかもそうであるかのようなふりをする必要もありません。少しだけ老いること、それでしかない状態になること。映画に沢山の効果《エフェクト》を用いたり、人の気を引くための目配せをしないこと。こうした態度こそ映画において真に必要なことだと思います。

映画作家——皆さんもこれから映画を作り始めるわけですが——は、自身のなかに『チャップリンの失恋』のような要素を持っていなければなりません。また『伯爵夫人』の要素を少しでもいいから持っていることも必要です。『チャップリンの失恋』のはかり知れない力強い若さとは、社会に対する抵抗です。私たちは街路に住み、上を見上げれば空がある。人類に属しているのです。そして『伯爵夫人』の心も持っていたほうがよいと言ったのは、ほろ苦い思いをするかもしれないとはいえ、老いを考えることも必要だということです。社会から見放されること、あるいは自分に対して社会が興味を失うことです。老いとの関係の持ちようがまったく異なっている日本人の皆さんに分かっていただけるか分かりません。ドゥルーズが言っていたように老人とは自分であること以外のものを必要としない人間であると同時に、社会から見捨てられた人間でもあるのです。ヨーロッパでは社会は老人を必要としていませんが、日本では少し異なっているかもしれない。いずれにしても、それが『伯爵夫人』のなかで起きていることなのです。この映画はアメリカの大スタジオ全盛期に製作されました。社会の外側にある小さな部屋のなかで、チャップリンはふたつの扉だけで映画を作ったのです。いわゆる「世間」には目もくれませんでした。

私たちは社会のなかで映画を作っています。映画を作る人や映画を観に行く人のなかには、火星やターミネーターの惑星に住んでいると思っている人が多くいますが、そんなはずがありません。私たちは日本、ポルトガル、イギリスと呼ばれる社会に住んでいるのです。地球という惑星に生きている。では、この社会は何に基づいているのでしょうか。あるいは、私たちが生きているこの社会のなかで起きていることとは何なのでしょうか。チャップリンだけでなく、ジョン・フォード、小津、溝口といったすべての偉大な映画作家は同じことを考えていたと思うのですが、私たちは社会のなかで取り引きをしているのです。商業上の取り引きこそ、この社会で起きていることにほかなりません。むろん、そこには公正を欠いた交換が存在しています。社会的に不公平であるという意味において、そしてものごとが適格な価値を欠いているという意味においても、その交換形式は正しくないのです。

抽象的なことのように思われるかもしれませんが、そうではありません。感情によって映画を作るという先ほどの話に戻りましょう。映画において私たちがすることのできない、たったひとつのことがあります。それは感情の売買です。感情を取り引きすることとは何か。大雑把に言えば、今日アメリカで作られているすべての映画のことだということができるかもしれません。これらの映画は、あなた方の感情を商品と同じように交換するのです。こうした映画を作っている監督たちは、人間の感情と取り引きをしてはならないということを自戒しなければなりません。イメージは、本来的に円やドルと同じではないのだから。それは、別のもの、真の価値を持ったものなのです。それに対してお金というのはそれ自体では価値を持っていないのです。

　ある映像や音、俳優の視線、ふたつのショットがモンタージュされることで生み出される衝撃といったものは、お金や売買の対象のように扱われてはいけません。カフェで何かを渡す引き換えに別のものを得るのと映画が同じだとすれば、映画というのは非常に貧しい、つまらないものになってしまうでしょう。そうではなくて、イメージや音はともに世界に存在する原始的なものでなければならない。世界の始まりと同じくらい美しいもの、あなた方にとってビッグ・バンのようなものであるべきなのです。その時、皆さんは音や映像で俳優を見て思うでしょう。これほど奇妙なものを今までに見たことがない。たしかにこれは自分たちの住む惑星で、私たちの社会に違いないけれども、このような生物はまだ出会ったことがない。まったく別のものだと。

　こうした経験こそ、ショット、役者の台詞、音のひとつひとつを作るために必要なことです。皆さんは映画を作りたいと思っているのでしょうが、今まで見たり聞いたりしたことのない原始的なショットや音を生み出さなければならないのです。オリジナリティとかそれに類するものについて言おうとしているのではありません。そうしたものではまったくないし、むしろ正反対に位置していることの方が重要なのです。チャップリンがそうしたように、太古から存在する感情とともに映画を作らなければならない。彼は、まるで今まで存在しなかったかのような感情を抱くことにこだわり続けた人だったのです。

さらに言えば、こうした偉大な映画作家が目端が利くという点で独創的であった試しはありません。彼らは匿名といってよいほど慎ましい存在であり、特別なスタイルなどほとんど持っていません。彼らは正面から私たちに向かってくるのです。ジョン・フォードの晩年について考えてみましょう。それはチャップリンや小津のように極めて単調で、特筆すべきものを欠いたものでした。他人よりも目端が利くということは映画には何の関係もないのです。単純なことですが、目端の利く賢さというのはあくまで他の人より賢いということであって、感情を取り引きすることから逃れ得ていません。いまだ競争原理のなかに留まっているのです。

こうして、私にとっては非常に単純であると同時に、複雑な結論がもたらされることになります。人々が互いになし合うこと、つまり私が誰かにしてあげることと、誰かが私にしてくれることがある。それは、おぞましさ、恐怖、苦痛といった究極の状態から完全な愛に至るすべてのものです。そして、善悪は天上にも地獄にもなく、人々のあいだに存在しており、映画はそれを見せるものではないか。つまり映画とは、何かうまくいっていないものを描くことにより、私とあなた、私と他者とのあいだ、あるいは社会のなかでどこに悪が存在しているのかを示す一方で、善をも見つけだすものだと思うのです。ご覧になった『チャップリンの失恋』は、さまざまな感情に彩られた作品ですが、チャーリーは幸福のために何かを探し、歩き続けているのです。

チャーリーが歩き、探し求めていると言う時、私はほとんど科学的といってもよい、研究者と同じような態度をそこに見てとっています。映画作家もまた科学者のような人間であり、善悪の探究者＝研究者にならなければならない。この探究＝研究をする際に少しでも科学的であれば、結論に達するのです。善悪はあくまでも私たちのあいだに存在するものであり天国にも地獄にもないという意味で、単純かつ本質的なことに達することができる。善悪が私たちのあいだで生じるものならば、キャメラによってそれを見ることができ、あなたが私にもたらした害悪の証拠や、私があなたに行った善行の証拠を保存しておくことができるのです。私たちがそれをうまくできれば、地獄へ行くこともできるし天国を見せることもできるかもしれません。映画の美しさは、極めて唯物論的なことですが、物質だけで映画を作ることによって神秘的な空間へと至ることもあるのです。素晴らしい映画とは、すぐれて写実的であると同時に現実感覚を欠如した作品であり、自然なものであると同時に超自然的《スーパー・ナチュラル》なものなのです。完全な無神論と最も深い信仰とが同時に存在していると言ってもよいかもしれない。

話が脇道にそれるかもしれませんが、ちょっとしたとても美しい話をしましょう。演出に関する授業をしていた、年老いた映画の教師がいました。ある時、彼はドライヤー[*13]の『奇跡』（一九五四）を学生に観せたのですが、数人の学生が上映の途中に笑ってしまいました。彼は上映後に言いました。「もしも《神》という言葉を聞いている時に笑うのであれば、あなた方が映画を作ることは絶対にできない」。

なぜこんな話をしたのかというと、映画を作る仕事は非常に真剣かつ厳粛なものだからです。厳粛という言葉はしばしば重々しい感じを与えますが、じっさい物と同じように感情というのもかなりの重さを持ったものであり、バランスと常識をもって扱わなければならないものがある。ですから、神や悪魔について話す時に笑ってはいけないのです。私たちが映画のなかの神や悪魔について話している時は、善悪やそれを生み出している人間について話しているのです。私たちは自分たち、自らのなかに存在する悪魔や神について話しているのです。神とは私たちの上にも下にも存在していません。

今述べたことはすべてにあてはまるでしょう。皆さんの目の前にあるすべてのもの、映画作家として撮影することができるすべての主題は、どんな時であっても厳粛なものなのです。チャップリンが作っていたような喜劇やギャグでさえも、つねに重みを持ち、最終的には善悪に関係を持っているのです。

これから、非常に特徴の異なるふたりの映画監督の作品から、それぞれ短い場面を皆さんに見ていただきたいと思います。ご存知か分かりませんが、ひとりはロベール・ブレッソンで、もうひとりはジャック・ターナー[*14]です。きっとターナーを知っている方は、ブレッソンよりも数が少ないのではないでしょうか。いずれにせよ、ここにはふたつのまったく異なるシステムがあると言ってよいでしょう。一方は、「映画作家《オトゥール》」であり芸術家であり、フランスで活動したヨーロッパ的な知性。それに対してハリウッドのスタジオ・システムのなかで映画を作っていたもう一方の映画監督は、一流の映画監督というよりはB級映画の監督であり、与えられた条件のなかで働いていた。つまり、スタジオで要求されたことをこなしていた監督です。ですから、ふたりの環境はまったく異なっている。これから、ブレッソンの『ラルジャン』(一九八三)とターナーの『ナイト・オブ・ザ・デーモン』(一九五七)からの抜粋を見ていただいて、どのようにしてふたつの非常に異なった映画が、じっさいには同じひとつのこと、つまり善と悪に関して先ほど皆さんにお話ししたことを扱っているのかを考えていただきたいと思います。映画のなかで人々はどのようにして善悪の交換、取り引きを行っているのか。どちらの映画でも悪は死をもたらすことになります。皆さんが目にするのは本当に奇妙なことなのです。まったく異なるふたつの映画製作のシステムのなかで、どのようにすれば同じことが描かれるのか。本当に美しいのはそのことなのです。例えば、私自身、諏訪さんの映画を見た時には、自分の作品ととても近いものを感じます。たしかに、私は彼のいる日本から遠いところに住んでいるのですが、同じものを感じるのです……。テレパシーとでも言えるでしょうか。

《上映》

コスタ　映画監督として興味があるのですが、皆さんのなかでどなたか怖がらずに自分が見たことを説明することができる方はいらっしゃいませんか。ふたつの映画のなかでは何が起きているのでしょうか。学校にいるわけでもなければ試験でもないので、どなたか……。

生徒1　ブレッソンの作品で、若い男がホテルの従業員を殺害してお金を盗み、その後出ていって、老婆に会って、その老婆は銀行でお金をおろしています。そのお金に目をつけて後をつけていきます。

コスタ　どうもありがとうございます。だいたいその通りだと思います。いずれにせよ、一本の映画に完全な真実などありません。一本の映画とは、私たちに考えさせるために、すなわちものごとに対してさまざまな思考を得るために存在するのです。いずれにせよ、おおよそは説明してくださったとおりです。ジャック・ターナーの作品について説明してくださる方はいらっしゃいますか。

生徒2　髭を生やした男が精神分析医で、主人公ダナ・アンドリュースの恋人を誘惑して、彼女に暗示をかけます。ダナ・アンドリュースはふたりを追って現場を押さえるのですが、紙切れを持っている精神分析医は死んでしまう。

コスタ　私は、ふたつの映画の抜粋はまったく同じことを語っているのだと思います。今とても上手に説明してくださったように、いずれの作品でも呪われた紙きれの交換が描かれています。ブレッソンにとっての呪われた紙はお金です。ターナーにとっての呪われた紙は……呪われた紙そのものですね。この呪いの札は恐怖映画の一要素として機能するのですが、それ自体では意味を持っていません。ヒッチコック[*15]にとってのマクガフィン[*16]と同じでしょうか、物語を進行させるものなのです。

先ほど、ブレッソンとターナーという、映画を作るにあたって完全に異なるふたつの世界があることをお話ししました。いわゆるヨーロッパ映画というものに属し、作家の映画、芸術家の映画とさえ言ってよいかのような作品。非常に孤独で、映画作家であると同時に、哲学者でも画家でもあるような芸術家の映画。たとえブレッソンが映画を制作するのにとても苦労したのだとしても、やはり、かなり自由なシステムのなかで彼は仕事をしていたのだと思います。それに対してターナーはハリウッド方式という世界で最強の産業システムのなかで映画を作っていたのです。一従業員、あるいは一公務員として彼は働いていたのであって、工場のように映画を製造し供給しなければならなかったのです。ベルト・コンベヤーの流れにしたがって自動車ができあがるようにハリウッドでは映画が作られるのです。明らかに、ターナーが手にしている自由はブレッソンと比べて少ないものだったと思います。彼は要求されたことをこなし続けていたのですから。

それに対して、ブレッソンは表現すべきもののために、メタファーあるいはマクガフィンやそれに類する小道具的な要素を用いたりする必要はありませんでした。彼は具体的な方法でものごとに直接アプローチすることができました。それは音とイメージの非常に具体的な作業です。メタファーがないかわりに、音とイメージだけが存在している。ブレッソンは、何かを表現するために恐怖映画や西部劇といった類いのジャンルを経由することもありませんでした。恐怖映画とは最初からコード化された形式を持ち、物語を語るために守らねばならない規則ずくめのジャンルなのです。しかし、こうした条件のなかで映画を作っていたからこそ私はターナーを尊敬し、愛しているのです。もちろんブレッソンのことも好きですが、ターナーのことを敬愛しています。彼は、恐怖映画や探偵映画や西部劇を作っていたわけですが、それはブレッソンと同じことを私たちに伝えるためであったからです。非常に困難なことを引き受けていたという意味では哀れな人なのかもしれません。彼の考えていたことは、ブレッソンあるいは他の偉大な映画作家とまったく同じものだったと思います。世界のなかでうまくいかないことが起こり、悪がそこに存在している。そしてこの悪は人間を介して広がりうるものである。このような思考を表現するために、彼は恐怖映画を作らなければならなかったのです。ターナーには敬服するばかりです。ある種の永遠性を帯びた非常に美しいものを彼は作りました。彼の映画の主題はつねに刺激に富み、今日でもその輝きを失っていないと思います。

ブレッソンには明らかなことだったでしょう。彼の映画のなかに心理学は存在しません。まず音とイメージが存在するのであって、心理というものは映画を見る私たちによって、あるいは映画の構造によって後からもたらされるものなのです。その意味では心理学は映画の構造自体であって、映画のなかに描かれている具体的な事物には存在しないのです。

哀れなジャック・ターナーもまた、心理学というものを信じていなかったのだと思います。けれども、彼は悪やその物語を表現するためにさまざまなことを経由しなければなりませんでした。非常に美しくそして興味深いことだと思います。先ほど「精神分析医」と答えた方がいらっしゃいましたが、じっさいに映画のなかに描かれているのは催眠術師です。この催眠術師を悪魔ということもできるでしょうし、あご髭も生やしているのですが、ともかくも彼は催眠術師なのです。では、何に似ているのか。この列車のなかの場面は、ほとんど精神分析の治療と似たような雰囲気をたずさえていると思います。心理学における分析とは、「あなたのなかに存在する悪を私に渡しなさい」ということにほかなりません。私たちが精神分析医のところへ行く際には——私自身は怖くて行ったことはありませんが——自分の抱えている悪を他人に渡すことで気持ちが楽になり、うまくいった場合には元気になることができるという期待を抱いています。なんという頽廃があるのでしょうか。いずれにせよ、ターナーの映画のなかで美しく巧みな方法で描かれているのは、催眠術師＝精神分析医が自分の患者からその痛みを渡されるのを望んではいないという状況が存在しているということです。これは映画や芸術における心理学を信じていないことを表明する、ターナーのひとつの方法であったと私は考えています。何かを用いることで悪を表象しなければならない、そして物語を語るなかでそれを描かなければならない、ターナーの思考が画面に結実するのです。

ふたりの映画作家は同じことを言っているのです。悪とは、人々のあいだで流通するもの、つまり、つねに移動しながら人々のあいだを渡っていくものなのだと。偶然ですが、ふたつの映画の抜粋にはお金と紙の入った財布、閉じられたバッグが描かれています。心臓の近くで私たちが持ち歩くものであるという点で、財布はすでに何かを意味しているのです。

ターナーの映画には列車が出てきますが、それを社会だと考えてみましょう。列車の車両はひとつの社会です。そこには、精神分析医、警察官、催眠術にかけられて眠ってしまっている女性がいます。また信仰を信じている者もいれば、信じていない者もいる。これがターナーの作り上げる小さな社会です。知識を持っている人々と持たない人々とのあいだで起きる社会のなかの争い。この小競り合いこそ、そこで起きていることにほかなりません。「何かたいへんなことが起きるに違いない」という人がいれば、もともと何も信じないために彼の言うことに同意できない人もいる。この人物は他人に自分と一緒に残ることを強制します。

なぜ、ここまで多くの言葉（じっさいに映画のなかで彼らは本当によくしゃべります）、動作、不安、緊張感が、この列車の小さな車両のなかに存在しているのでしょうか。まるで爆発する火炎瓶のように、なぜターナーはすべての要素を一緒くたにしてひとつの場所のなかに入れたのでしょうか。どうして過剰とまで言える多くの要素があるのか。それは、ブレッソンの映画の抜粋のなかにつねに存在していたものを出現させるためだと私は思います。すなわち不可視の領域です。不可視の領域とは悪のことです、それ以外に表現できる言葉はありません。ブレッソンとターナーが作った映画はともに、ものごとを可視化する映画だということができるでしょう。ある不可視なものを可視的なもののなかで表現するのです。言い換えれば、不可視なものを表象するということは、それがイメージになること、音とイメージになることなのです。人々のあいだに存在する不可視なものとしての悪を、私たちは悪魔と呼んでいます。それに対してブレッソンの映画のなかにおける悪は可視的なものです。それはお金として表象されています。つけ加えれば、映画のなかでは「お金よ、お金よ、現世の神よ！」と呼ぶ人物も登場する。それがふたつの映画の違いのすべてです。一方の映画作家は、恐怖映画を作り、悪魔は人を殺してしまう、あるいは、ポケットか財布のなかに棲みついている。もう一方の映画作家の映画のなかでは、神がポケットや財布のなかに宿っている。ターナーの作った映画は、ブレッソンの映画と同じことを扱っていたわけですが、神について語るために悪魔を経由しなければならないのです。

少し複雑に思われるかもしれません。しかし、悪魔と神のどちらを直接用いるかという違いがあるとはいえ、ふたりはまったく同じことを語っています。彼らは悪魔と神とが共存し、あらゆる出来事が人間のあいだで起きるような社会について語っているのです。触れてはならないものがある。ブレッソンの映画では人々が身体を触れ合わせることはありません。そして、ターナーの映画では登場人物が他人に触れられることを拒むのです。

かなり単純であると同時に科学的でさえもある事柄が確認できるでしょう。ブレッソンとターナーにとって、ふたりの人物しか登場しないのだとしても、悪とは人間のあいだに存在するもの、社会のなかに存在するものなのです。ふたりだけでもすでに社会と言えるでしょう。資本主義という名の社会です。神がイメージになる時、悪は現われます。一本の映画からもう一本の映画に移りながら説明しましょう。ブレッソンはあるイメージを神に与えました。それはお金です。それに対してターナーの映画ではお金が小さな紙片に置き換わるのですが、これによって示されているのは悪魔なのです。彼は恐怖映画を作っていたのでこのようになるわけですがブレッソンとまったく同じことなのです。社会のなかですべては生じる。そして私たち全員に神や悪魔は存在し、財布のなかに棲みついているのです。今まで述べてきたことはすべて、非常に異なる方法であっても映画では同じことを表現することができるということを皆さんにお話しするためです。ハリウッドの作る高度にフィクション化された冒険譚と、ブレッソンが技巧や装飾的な効果を何も用いないで表現したものは、まったく同じことを表現しているのです。世界を表象するための方法が完全に異なっていたとしても、どちらがいいというわけではなく、私たちはブレッソンとターナーを等しく愛することができる。私たちが異なるふたりを同時に愛せるのは、そこに職人としての仕事、職業《メチエ》を見出すことができ、それがまったく同じものだからなのです。スピードを速くしたり遅くしたり、何かを爆破したり内側に向けて崩壊させることがいつ必要であるかを暗示し、隠し、見せることこそ、映画という職業《メチエ》なのです。先ほどお話ししたモンタージュとはこうした作業にほかなりません。

映画とは運動なのです。ふたつの映画の抜粋を見ましたが、強い衝撃として残るのはこれらの作品が運動に充ち溢れた映画だということです。運動とはふたつの物のあいだに存在する緊張であり、原子間の関係のようなものだと言ってもよい。ブレッソンの映画のなかで非常に興味深いのは、例えば老婦人と青年とのあいだに存在する緊張です。そこには視線の運動がある。お見せした部分にこのはかり知れない緊張感を一貫して感じとれるかもしれません。ブレッソンは自分の職業《メチエ》とは何かを知っており、次のイメージや音がやってくる瞬間まで、イメージと音の緊張性を保ち続けようとするのです。激しい衝撃が起こることもある。

ターナーもまた、列車の車両のなかで火炎瓶を棒でかき混ぜながら同じことをしているのです。ターナーの映画においては、緊張感というものは完全に視覚化されています。モンタージュやショットによって映画監督が巧みに操っている緊張は可視的なものなのです。それは衝突の際に発生する力であり、同時に互いに離れようとする登場人物でもあります。事物が闘争状態にある、これこそが緊張を生み出しているのです。さらに言えば、お気づきになったかどうか分かりませんが、この映画には美しいシーンがあります。あらゆることが走っている列車のなかで起こるのですが、列車の進行方向とは逆の方向に呪いの札が現われることで、ひとりの人間は進行方向へ前進しもうひとりは列車の後部へ向かうのです。ターナーによって非常に巧みに生み出された視覚的な緊張感がここにもあると言えるでしょう。

また、非常にはっきりと感じられることですが、ふたつの映画のなかに一貫して現われる映画にとって本質的なものがあります。それは、この後で何が起きるのか、後には何がやってくるのか、一秒、一分後の世界はどうなっているのかという問いです。映画とは人生に極めて近いものではないでしょうか。例えば、私は、この後に何が起こるのだろう、次はどこへ住んで誰に会うことになるのだろうとつねに自問しています。そこにサスペンスが生まれるのです。

たしかに、後に起こることを考えると恐ろしくなります。偉大な映画作家の素晴らしい作品のなかでは、次に何が起こるかを私たちは決して知ることができません。少しばかり人を恐がらせる側面がある。けれども知ることができないので、起きることはつねに新しいのです。人生にどこか似てはいないでしょうか。シナリオなどなくて、計画的に組織することもできない。恐怖のことについてお話ししたのは次のことを皆さんに言おうと思ったからです。私たちはどこかで恐怖を抱きながら生きているのですが、男性にせよ女性にせよ自分の仕事のなかにその恐怖心をうまく組み込み、多少なりともいい方向で恐怖心とともに生きていこうとする者こそ、映画作家なのではないか。恐怖とは何であるかを彼らが知ることは決してありません。たとえ頭のなかやシナリオですべてを入念に準備したとしても、キャメラを廻し始めた時に次に起こることを知ることなどできないのです。キャメラのスイッチをオンにして撮影し始めれば映画はスタートしますが、その後に何が起こるかを知ることは絶対にあり得ないのです。

皆さんに妙なことばかり話してきました。恐怖、神、悪魔、善、悪。これらについてお話ししたのは、映画とは何か、どのようにすれば映画を作ることができるかということを教師のように話したくなかったからです。というのも、私が知っている唯一のことは、先ほども言ったように、映画を作る際に何が起きるかなど誰も知らないということだけなのです。もしも反対のことを言う人がいればそれは詐欺師でしょう。映画とはこういうものでモンタージュとはこのようにしなければならない、役者の演出とはこのようなものだ、ジャック・ターナーは表現主義的な映画作家で、ブレッソンはミニマリズムの映画作家である……。こんなことを説明することはできないのです。すべてが根本からして馬鹿げている。そういうわけで、私は神、悪魔、恐怖、善、悪といったことについてお話ししたのです。その方がよりはっきりしているように私には思えるのです。ここにいるすべての人が映画を作ることに少なからず恐怖を抱き、どのように映画を作ればよいのか分からない。おそらく映画を作ることとは、この地球という惑星に住む人々と共存することを考える行為なのでしょう。キャメラや録音機といった機械は、死の恐怖に抵抗し、恐怖を少しばかり和らげてくれる良きものに違いない。そのように考える方が私には本当に分かりやすいのです。

私は再び抵抗についてお話ししました。恐怖と死に抗うためです。映画には抵抗がある。材質《マチエール》そのものが抵抗しているのです。ご覧いただいた二本の映画には、互いに抵抗しあうものが数多く存在しています。抵抗しあうイメージや抵抗しあう音があるのです。私が「抵抗」と言う時には、何かと何かが闘争状態にあることを意味しています。たしかに闘争には暴力的な要素もあるでしょう。しかし、私たちにのしかかってくるという意味での暴力ではないのです。はっきりと断言しなければなりませんが、火や熱といった世界の始まりから存在し続ける暴力が世界には存在しているのです。暴力を峻別しなければならない。社会的な暴力には、例えば映画などによって徹底して抵抗しなければなりません。

何かが生成すること自体の暴力について考えましょう。ストローブ＝ユイレ[*17]について私が撮った映画『映画作家ストローブ＝ユイレ　あなたの微笑みはどこに隠れたの？』では、編集室のなかのダニエル・ユイレとジャン＝マリー・ストローブとのあいだにとてつもない緊張関係が生じています。そしてまた、わずかとはいえ恐怖も存在しているのです。ジャン＝マリー・ストローブはときおり恐怖に襲われて部屋の外へ出て、じっさいに口に出すことはないけれどもこう言っているように見えるのです。「ダニエル、助けてくれ。イメージを、映画を救ってくれ。恐くてしかたがない。部屋に居続けることなんてできない」。この映画のなかには、極度の緊張、はかり知れないほどの抵抗が存在しています。例えば、一番初めに思いついたことに対する抵抗感がある。それはつねに疑いの対象になるのです。「そこでフィルムを切ろう……。いや、ここは保留しておいてもう少し作業を続けよう」といった具合です。ここには別の種類の抵抗も存在しています。すなわち、機械そのもの、映画作家が用いる機材に対する抵抗があるのです。例えば、私はここに持ってきている日本製のパナソニックのキャメラでストローブ＝ユイレの映画を含む幾つかの作品を撮影しましたが、この小さなキャメラそのものに自分が抗わなければならないと思っています。皆さんご覧になったと思いますが、『ヴァンダの部屋』を作っている時はこのキャメラに対してレジスタンス活動を行っていたのです。東京の超高層ビル群のただなかで、パナソニックの重役たちがこのキャメラを使って私にさせようと思っていることを拒否するという意味において、このキャメラに抵抗する。例えば、彼らは私にキャメラをたくさん動かしながら撮影してもらいたいわけですが、私はキャメラを動かさない、抵抗するのです。

この小さいキャメラには、買った時から値段と「3CCD」「光学ズーム」というラベルが貼られているのですが、目には見えない——私にははっきりと見えるのですが——もうひとつ別のラベルが貼られています。そこには「たくさん動かしながら撮影してください。このキャメラを使えば何でもできます」と書かれている。冗談ではありません。あなた方のキャメラや録音機でそれを製造した人々が望むことをしてはいけません。たしかに、私はこのパナソニックのキャメラを買いましたが、パナソニックの望み通りには使わないのです。作業をするうえで便利さは否めません。例えば、小さなキャメラはとても使いやすいし、実用的でなおかつ値段も高くない。けれども、使おうとする時には注意しなければなりません。できる限りの作業をしなければならないし、その作業とはたやすさとは正反対に位置するものでなければならないのです。簡単に手に入れられるものとは最初に思いついたことであり、抵抗の行為を欠いているのです。

映画を作るという作業工程を私は教えることができません。というのも、作業とはじっさいに経験することを必要とするものだからです。仕事自体が仕事について教えてくれるのです。作業をしながら私たちはそれが困難であること、どのようなものであるかを知ることができる。モンタージュの作業中にそれがいかに難しいのか気がつくのです。私はたくさん作業をして、映画を作るという仕事についての映画、映画作家ストローブ＝ユイレに関する映画を作りました。この映画を制作したのは、ここで皆さんに教えることのできないこと、映画制作のじっさいの作業で起きることをフィルムにおさめてみたいと思ったからです。素材《マテリアル》、これから編集するフィルムを前にした時に私たちはどこで映画を裁断するかを決めるのであって、映画を作り編集するのは、それ以前でもなければ理論や頭のなかでもありません。まさにその時、その地点でこそ、俳優や技術者や映画の協力者とだけでなく、友人やときには敵のような人々とも一緒に何かが起きることを経験するのです。こうした経験はあるとき現在形で訪れるのであって、今すぐにお話しすることはできません。

「あなたの映画は編集がだめだ、君の映画は撮影がうまくいっていない」などと私には言えません。それは馬鹿げています。現実に起こっているのは、奇妙な瞬間を目にして自分のうちに閉じこもり、結果としてうまく撮影できないということなのです。私はそのように考えているのですが、それ以上のことを皆さんに言うことができません。自分自身のためであると同時に他人つまり観客の皆さんのために、映画についての映画、ストローブ＝ユイレについての映画を私は作ったのですが、非常に特殊な物質的・具体的な側面と同時にかなり謎めいた面にも着目しました。この謎めいたものが何であるかを説明し、映画の仕事がいかに困難なものであるかを示すために私は映画を撮ったのです。ドグマ[*18]でもなければ、小さなキャメラが動きまわるわけでもない。あたかも人生であるかのようには映画を作ることはできない。そうではなくて、真剣な作業があり、結果として映画が人生と似ているようになるのです。

本当にはかり知れないくらいの忍耐力、血と汗と涙、疲労が、生に近いものを表現するに至るまでに必要とされているのです。例えば、ブレッソンの映画を考えてみましょう。彼が描くのは、たしかに私たちの住む世界なのですが、奇妙な世界でもある。ブレッソンの映画のなかの登場人物の動き方に関して言えば、彼らは歩く時には変な歩き方をするし、その身振りといえば異常に速いか遅いかどちらかなのです。そこにこそ映画作家としての仕事があるのだと思います。それは私たちの世界であるけれども、同時に非常に抽象的な世界でもあるのです。

映画は生とまったく同じものではありません。映画は生の構成要素がなければ作りあげることのできないものですが、その要素をあなた方がじっさいの生とは異なる方法で再構築することになるのです。つまり、もともと生を構成した要素を別の角度から見ることになるのです。それは生そのものではありませんが、生を構成する要素によって映画ができていることもたしかでしょう。それこそが映画において謎めいていることでもあり、美しいことでもあるのです。映画作家とはつねに緊張のなかに身を置くことができなければなりません。それは困難なことでしょう。なぜならば、そのようなことは不可能なのですから。映画は緊張感を保っていなければならないけれども、映画作家とは人間でしかないのです。緊張をつねに維持することはできない。しかし、面倒なことだとしても、やはりあらゆるものに耳を澄ましすべてを見なければならないのです。意識を集中させて、セザンヌが言っていたように、人間の内部であれ風景のなかであれ、火が生まれるその瞬間に立ち会うためにあらゆるものを見る必要があるのです。ジャン＝マリー・ストローブがうまく説明していたことを私たちは実践しなければならない。つまり、ショットのなかに火が存在せず炎を上げるものがないとすれば、何の意味もないのです。どこかに火が存在していなければなりません。

　お分かりになっていただけると思うのですが、ショットのなかにつねに存在し続けていなければならない火こそ、銀行のなかで書かれたラヴ・レターにほかなりません。それを見たことがある人はほとんどいないし、じっさいに銀行でラヴ・レターを書いたことのある人はさらに少ないでしょう。あまり好きではありませんが、メタファーでこの話を終わることにしましょう。映画作家としての私の仕事、未来の映画作家である皆さんの仕事とは、この銀行のなかで続いていくものでしょう。皆さんは小切手ではなくラヴ・レターを書き続けなければなりません。他の人がそれに気づかないこともあるでしょうが気にする必要はないのです。抵抗の行為、銀行へ行き、ラヴ・レターを書き続けなければならないのです。

　皆さんとお別れする時間が来たようです。この話をしめくくるのにふさわしい作品を最後にお見せして終わりにしたいと思います。私はセザンヌという偉大な「映画作家」の作品から、ほんの断片を用意しました。それは、ある山を描こうとし続けながら死んでいった人が、私たちが取り組まなければならない職業《メチエ》や仕事について残した言葉です。彼は自分が絵を描いていた地で本当に亡くなったのですが、雨が降り、寒さがひどかったとしても、自らの老いをかまうことなく抵抗していました。雨と寒さのなかでも抗い続けたのです。彼は私たちがしなければならないことについての言葉を、感覚を残しました。彼が残したその言葉をダニエルとジャン＝マリーは美しい作品のなかにおさめたのです。きっとアテネ・フランセでこの作品をご覧になることができるでしょう。こうした映画を、『セザンヌ』（一九八九）という映画を観られる唯一の場所だと思いますから。皆さんにこの映画を残して話を終えたいと思います。私がお話ししたことが明瞭でなかったとすれば申し訳ありません。ですが、いつの日かあなた方の書いたラヴ・レターを読むことができると信じています。

強くなりすぎても弱くなりすぎてもいけない。弛むことは許されないのだ。弛んでしまえば光も真理も逃げていってしまう。私は画面を同時に描きすすめてゆく。散逸するものを一挙につかみとるためにそうするのだ。自然は不変だが、目に見えるものは過ぎ去る。見えるものはつねに変化している。画面に自然を捉えること。うつろうものを素材にして、永遠をつかみとること。自然の奥底には何があるのだろう？　虚無またはすべてがそこにある。そこで私は手をさまよわせる。さまよう私の手は調子《トーン》や色彩、濃淡をつかもうとして、線を探す。そして突然それが石になり樹木になる。そこに厚みと質感が現われる。厚みと質感が、画布と私の感覚の上で色面やタッチとなって出現する。その時だ！　私の手の震えは止まる。画面は充実して、真実を踊り出す。だが気を抜きでもすれば、疲れて頭で解釈し始めてしまう。流行《はやり》の理論が気になりはじめ、考えながら描いてしまう。こうなるとすべては台無しだ。

――解釈することは無駄なことでしょうか？

芸術家は感覚の受信装置であり、脳という変換器だ。解釈、これを画布に紛れこませると、自分の卑小さに見合った、くだらない絵になる。

――自然に完全に隷属しろということですか？

そういうわけではない。芸術は自然と平行する、ひとつの調和《ハーモニー》なのだ。隷属しろと言われても困る。思考と先入観を黙らせ、忘れ去り、その忘却のなかで自然の純粋な反射になるのだ。その時、感覚の印画紙の上に風景の全体が焼きつく。それを表出するためには技術が必要だ。無意識なままに自然に従い、翻訳し、芸術の言葉を証明するような技術を使うのです。目に映った自然と無感覚な自然、このふたつの織物を融合していかなければならない。その時、風景が私のなかに入りこむ。私はそれを画布につかみとる。ほら……。松の青い匂いが太陽を包み、毎朝、石の香りと若々しい草原の緑とが祝祭をあげ、サント・ヴィクトワール山と結婚する。それをつかむのだ。文字ではなく色彩で。充溢した感覚での調和。世界の渦が脳の奥で融合していく。あらゆる感覚が独自の叙情をともなって渦を捉える。目を閉じてサン・マルクの丘を想像する。マツムシ草の匂い……。

ジャン＝マリー・ストローブ、ダニエル・ユイレ『セザンヌ』より

訳註

1　松本正道　アテネ・フランセ文化センターディレクター。

2　ナダールによって撮影された写真。ストローブ=ユイレの『アーノルト・シェーンベルクの《映画の一場面のための伴奏音楽》入門』（一九七二）のラスト近くで使われている。

3　デイヴィッド・W・グリフィス　David Wark Griffith, 1875-1948　アメリカ合衆国の映画監督。作品に『ドリーの冒険』（一九〇八）、『見えざる敵』（一九一二）、『散り行く花』（一九一九）、『嵐の孤児』（一九二一）などがある。

4　田中眞澄編『小津安二郎全発言一九三三―一九四五』（泰流社、一九八七年）に収められた、ふたりを交えた座談会の記録（とくに一八五―一八六頁）や、新藤兼人著『ある映画監督の生涯――溝口健二の生涯』（映人社、一九七五年）のなかの津村秀夫の回想（三六八頁）を参照のこと。

5　二〇〇四年三月一一日、スペインのマドリードでテロがあり、通勤時間帯の駅構内や電車四か所が爆破され、一九〇人が死亡した。

6　アルチュール・ランボー　Jean Nicolas Arthur Rimbaud, 1854-1891　フランスの詩人。象徴派詩人ポール・ヴェルレーヌに呼ばれパリに渡り一七歳から二〇歳までの間に詩人として活躍。「早熟の天才」と評されるがその後すぐに詩作を放棄し、中東やアフリカを流浪し文学とは距離をおいたまま三七歳で死去。詩人自らによる唯一の作品『地獄の一季節』はフランス近代詩の金字塔として今も屹立している。

7　一八七一年五月一三日付「ジョルジュ・イザンバール宛て書簡」、あるいは五月一五日付「ポール・デメニー宛て書簡」を参照（『ランボー全詩集』宇佐美斉訳、ちくま文庫、一九九六年、四四八頁、四五二頁）。

8 映画美学校が一九九八年から二〇一〇年まで所在地としていた東京都中央区京橋の片倉ビルでは、過去に第一銀行(みずほ銀行の前身)京橋支店が営業を行っていた。

9 **エルンスト・ルビッチ** Ernst Lubitsch, 1892-1947 ドイツ出身の映画監督。作品に『牡蠣の王女』(一九一九)、『ラヴ・パレイド』(一九二九)、『天使』(一九三七)、『生きるべきか死ぬべきか』(一九四二)などがある。

10 一九四〇年代から五〇年代にかけての「赤狩り」の時代、作品内容や発言が反米的であるとの攻撃を受け、また私生活が不道徳であるとの批判にさらされていたチャップリンは映画製作の機会を実質的に奪われ、とうとう一九五二年には合衆国を離れるに至った。

11 **ジル・ドゥルーズ** Gilles Deleuze, 1925-1995 フランスの哲学者。ヒューム、スピノザ、ニーチェ、カントなどを研究した哲学史家であり、『差異と反復』『意味の論理学』をはじめとする著作で独自の「超越論的経験論」の思想を語った。文学や芸術に関する研究書も多く、一九八三年と一九八五年に刊行した二巻本の『シネマ』は哲学者による映画論として極めて希有な理論的達成を果たしている。

12 『ジル・ドゥルーズの「アベセデール」』(一九九五年放送)の「M(病気)」の項の発言を参照。

13 **カール・テオドア・ドライヤー** Carl Theodor Dreyer, 1889-1968 デンマークの映画監督。作品に『裁かるゝジャンヌ』(一九二八)、『吸血鬼』(一九三二)、『怒りの日』(一九四三)、『ゲアトルーズ』(一九六四)などがある。

14 **ジャック・ターナー** Jacques Tourneur, 1904-1977 フランス生まれ。ジャック・トゥルヌールとも呼ばれる。父は映画監督モーリス・トゥルヌール。一九三〇年代半ば以降ハリウッドで活動。作品に『キャット・ピープル』(一九四二)、『ブードゥリアン』(一九四三)、『過去を逃れて』(一九四七)、『ベルリン特急』(一九四八)など。

15 **アルフレッド・ヒッチコック** Alfred Joseph Hitchcock, 1899-1980 イギリス出身の映画監督。作品に『サボタージュ』(一九三六)、『疑惑の影』(一九四三)、『めまい』(一九五八)、『サイコ』(一九六〇)などがある。

16 一般的には、映画のプロットを進行させるために用いられる語りの仕掛け。トリュフォーとの対話のなかで、ヒッチコックはマクガフィンを「装置、ギミック、あるいは、スパイが探し求めている書類」と定義している。重要なのは、マクガフィンそれ自体では物語に対してほとんど意味を持たず、もっぱら登場人物を動かすためのものだということである。

17 **ダニエル・ユイレ** Danièle Huillet, 1936–2006 **ジャン=マリー・ストローブ** Jean-Marie Straub, 1933– ともにフランス出身の映画監督。共同して制作した作品に『アンナ・マグダレーナ・バッハの日記』(一九六七)、『オトン』(一九七〇)、『エンペドクレスの死』(一九八七)、『シチリア!』(一九九九)などがある。

18 製作費がとめどなく膨らみ、特殊効果が見せ場になるような映画界の風潮に反対して、一九九五年にラース・フォン・トリアーとトマス・ヴィンターベアが打ち立てたプロジェクト。

*講義Ⅳは、二〇〇四年三月一二日—一四日に行われた「ペドロ・コスタ監督短期集中講義」(主催:映画美学校/共催:アテネ・フランセ文化センター、シネマトリックス)を採録したものである。なお、質疑応答は省略している。『ペドロ・コスタ 世界へのまなざし』(せんだいメディアテーク、二〇〇五年)に初出の採録を本書へ転載するにあたって、翻訳に改訂を加えた。

ペドロ・コスタ

Pedro Costa

一九五九年ポルトガルのリスボン生まれ。リスボン大学で歴史と文学を専攻。青年時代にはロックに傾倒し、パンクロックのバンドに参加する。リスボン映画国立映画学校に学び、詩人・映画監督のアントニオ・レイスに師事。ジョアン・ボテリョ、ジョルジュ・シルヴァ・メロらの作品に助監督として参加。一九八七年に短編『Cartas a Júlia（ジュリアへの手紙）』を監督。一九八九年長編劇映画第一作『血』を発表。第一作にしてヴェネチア国際映画祭でワールド・プレミア上映された。以後、カーボ・ヴェルデで撮影した長編第二作『溶岩の家』（一九九四、カンヌ国際映画祭ある視点部門出品）、『骨』（一九九七）でポルトガルを代表する監督のひとりとして世界的に注目される。その後、少人数のスタッフにより、『骨』の舞台になったリスボンのスラム街フォンタイーニャス地区で、ヴァンダ・ドゥアルテとその家族を二年間にわたって撮影し、『ヴァンダの部屋』（二〇〇〇）を発表、ロカルノ国際映画祭や山形国際ドキュメンタリー映画祭で受賞した後、日本で初めて劇場公開され、特集上映も行われた。『映画作家ストローブ＝ユイレ　あなたの微笑みはどこに隠れたの？』

(二〇〇一)の後、『コロッサル・ユース』(二〇〇六)は、『ヴァンダの部屋』に続いてフォンタイーニャス地区にいた人々を撮り、カンヌ国際映画祭コンペティション部門ほか世界各地の映画祭で上映され、高い評価を受けた。山形国際ドキュメンタリー映画祭2007に審査員として参加。二〇〇九年にはフランス人女優ジャンヌ・バリバールの音楽活動を記録した『何も変えてはならない』を発表。また、マノエル・ド・オリヴェイラ、アキ・カウリスマキ、ビクトル・エリセらとともにオムニバス作品『ポルトガル、ここに誕生す　ギマランイス歴史地区』(二〇一二)の一編『スウィート・エクソシスト』を監督している。最新作である『ホース・マネー』は、山形国際ドキュメンタリー映画祭2015で大賞、二〇一四年ロカルノ国際映画祭で最優秀監督賞を受賞した。二〇一五年にはニューヨークのリンカーンセンターでレトロスペクティブが開催された。

東京造形大学に招聘され二〇一〇年より客員教授として特別講座を受け持っているほか、ポーランドの監督タル・ベーラの呼びかけでボスニア・ヘルツェゴビナのサラエヴォ科学技術大学に開設されたサラエヴォ・フィルム・アカデミーで講師を務めるなど、映画教育の現場にも携わる。

フィルモグラフィ

Filmography

ジュリアへの手紙　Cartas a Júlia
［一九八七年／短編］
監督：ペドロ・コスタ

血　O Sangue
［一九八九年／九五分／黒白／三五ミリ／スタンダードサイズ／ポルトガル］
製作会社：RTP、トロピコ・フィルメス／監督・脚本：ペドロ・コスタ／助監督：ジョアン・ピント・ノゲイラ、マヌエル・ジョアン・アグアス／撮影：マルティン・シェーファー／録音：ペドロ・カルダス／音編集：アナ・シルヴァ／ミキシング：ジェラール・ルソー／編集：マヌエラ・ヴィエガス／音楽：ヘイノ・エツレル、イゴール・ストラヴィンスキー、ザ・ザ／製作：ヴィクトール・ゴンサルヴェス／出演：ペドロ・エストネス、ヌーノ・フエレイラ、イネス・デ・メデイロス、ルイス・ミゲル・シントラ、カント・イ・カストロ、イザベル・デ・カストロ

溶岩の家　Casa de Lava
［一九九四年／一一〇分／カラー／三五ミリ／ヴィスタサイズ／ポルトガル、フランス、ドイツ］

製作：ジェミニ・フィルム、パンドラ・フィルム、マドラゴア・フィルメス／監督・脚本：ペドロ・コスタ／助監督：ジョゼ・マリア・ヴァス・ダ・シルヴァ、ジョアン・フォンセカ、ヴィヴィ／撮影：エマニュエル・マシュエル／録音：アンリ・マイコフ／音編集：ジャン・デュブルイユ／ミキシング：マリー・マシアーニ、ジェラール・ルソー／編集：ドミニク・オーヴレイ／美術：マリア・ジョゼ・ブランコ／音楽：ラウル・アンドラーデ、トラヴァディーニャ、フィナソン、プリンス・ニコ・ンバルカ、パウル・ヒンデミット／製作：パウロ・ブランコ／出演：イネス・デ・メデイロス、イサック・デ・バンコレ、エディット・スコブ、ペドロ・エストネス、ルイス・ミゲル・シントラ、イザベル・デ・カストロ

骨　Ossos
［一九九七年／九四分／カラー／三五ミリ／ヴィスタサイズ／ポルトガル、フランス、ドイツ］
製作会社：ジェミニ・フィルム、ゼントローパ・プロダクション、マドラゴア・フィルメス／監督・脚本：ペドロ・コスタ／助監督：ジョゼ・マリア・ヴァス・ダ・シルヴァ、アナ・フィゲイラ／撮影：エマニュエル・マシュエル、アドリアン・アンクリヴィエル、ペドロ・カルデイラ／録音：アンリ・マイコフ、ペドロ・メロ／音編集：ジャン・デュブルイユ／ミキシング：ジェラール・ルソー／編集：ジャッキー・バスティド、パウロ・バルボザ／美術：ゼ・ブランコ、マルガリーダ・ヌネス／音楽：WIRE、SABURA／製作総指揮：パウロ・ブランコ／出演：ヴァンダ・ドゥアルテ、ヌーノ・ヴァス、マリア・リプキナ、イザベル・ルート、イネス・デ・メデイロス、ミゲル・セルマン、ベルタ・スザーナ・テイシェイラ

ヴァンダの部屋　No Quarto da Vanda
［二〇〇〇年／一七八分／カラー／三五ミリ／スタンダードサイズ／ドルビーSR／ポルトガル、ドイツ、スイス］
製作会社：ヴェントゥーラ・フィルム、コントラコスタ、パンドラ・フィルム、RTP／監督・撮影：ペドロ・コスタ／録音：フィリップ・モレル、マチュー・アンベール／音編集：ワルディア・サヴィア、ジャン・デュブルイユ／ミキシング：ステファン・コンケン／編集：ドミニク・オーヴレイ、パトリシア・サラマーゴ／製作：フランシスコ・ヴィラ＝ロボス、カール・バウムガルトナー、アンドレス・ファエフリ／出演：ヴァンダ・ドゥアルテ、ジータ・ドゥアルテ、レナ・ドゥアルテ、アントニオ・セメド・モレノ、パウロ・ヌネス

現代の映画シリーズ：映画作家ストローブ＝ユイレ
Cinéma de notre temps,
Danièle Huillet, Jean-Marie Straub, cinéastes
［二〇〇一年／七二分／カラー／三五ミリ／スタンダードサイズ／フランス］
製作会社：AMIP、ARTE France、CNC、ICAM、INA、コントラコスタ／監督：ペドロ・コスタ／協力：ティエリー・ルナス／撮影：ペドロ・コスタ、ジャンヌ・ラポワリ／録音：マチュー・アンベール／ミキシング：ステファン・ララ／編集：ドミニク・オーヴレイ／製作：シルヴィー・カン、サンディーヌ・シビリル／出演：ジャン＝マリー・ストローブ、ダニエル・ユイレ

映画作家ストローブ＝ユイレ
あなたの微笑みはどこに隠れたの？
Danièle Huillet, Jean-Marie Straub cinéastes / Où gît votre sourire enfoui ?
［二〇〇一年／一〇二分／カラー／三五ミリ／スタンダードサイズ／フランス、ポルトガル］
製作会社：コントラコスタ、AMIP、ARTE France、CNC、ICAM、INA／監督：ペドロ・コスタ／協力：ティエリー・ルナス／撮影：ペドロ・コスタ、ジャンヌ・ラポワリ／録音：マチュー・アンベール／ミキシング：フランコ・ネスコフ／編集：ドミニク・オーヴレイ、パトリシア・サラマーゴ／製作：シルヴィー・カン、サンディーヌ・シビリル／出演：ジャン＝マリー・ストローブ、ダニエル・ユイレ
＊テレビ・ドキュメンタリー・シリーズ「現代の映画」の一編として撮られた『映画作家ストローブ＝ユイレ』を再編集した劇場版。

六つのバガテル　6 Bagatelas
［二〇〇二年／一八分／カラー／Betacam SP／スタンダードサイズ／フランス、ポルトガル］
製作会社：コントラコスタ、AMIP、ARTE France、INAI／監督：ペドロ・コスタ、ティエリー・ルナス／撮影：ジャンヌ・ラポワリ／録音：マチュー・アンベール／ミキシング：フランコ・ネスコフ／編集：ドミニク・オーヴレイ、パトリシア・サラマーゴ／出演：ジャン＝マリー・ストローブ、ダニエル・ユイレ
＊『映画作家ストローブ＝ユイレ　あなたの微笑みはどこに

隠れたの?』のアウトテイクから構成された小品集。

ジ・エンド・オヴ・ア・ラヴ・アフェアー The End of a Love Affair
[二〇〇三年/七分/カラー/Betacam SP/スタンダードサイズ/フランス]
製作会社：ARTE France/監督・撮影・編集：ペドロ・コスタ/出演：ジョアウン・フィアデイロ、グスターヴォ・スンプタ
*ポルトガル人コレオグラファーのジョアウン・フィアデイロとともに制作された台詞のない実験的な作品。

何も変えてはならない Ne change rien
[二〇〇五年/一三分/黒白/三五ミリ/Betacam SP/ポルトガル、日本]
製作会社：コントラコスタ、シネマトリックス/監督：ペドロ・コスタ/撮影：ペドロ・コスタ、諏訪敦彦/録音：フィリップ・モレル/編集：ペドロ・コスタ、ペドロ・マルケス/製作：フランシスコ・ヴィラ＝ロボス/出演：ジャンヌ・バリバール、ロドルフ・ビュルジェ
*歌手としても活動する女優ジャンヌ・バリバールが二〇〇四年五月に行った来日ライヴの記録。後に発表される同名の長編作のなかにも本作が組み込まれることになる。

コロッサル・ユース Juventude em Marcha
[二〇〇六年/一五五分/カラー/三五ミリ/スタンダードサイズ/ドルビーSRD/ポルトガル、フランス、スイス]
製作会社：コントラコスタ、レ・フィルム・ドゥ・レトランジェ、アンリミテッド、ヴェントゥーラ・フィルム、RTP、RTSI/製作協力：ARTE France/監督：ペドロ・コスタ/撮影：ペドロ・コスタ、レオナルド・シモイショ/録音：オリヴィエ・ブラン/音編集：ヌーノ・カルヴァーリョ/ミキシング：ジャン＝ピエール・ラフォルス/編集：ペドロ・マルケス/製作：フランシスコ・ヴィラ＝ロボス/共同製作：フィリップ・アヴリル、アンドレス・ファエフリ、エルダ・グィディネッティ/出演：ヴェントゥーラ、ヴァンダ・ドゥアルテ、ベアトリズ・ドゥアルテ、グスターヴォ・スンプタ、シラ・カルドーゾ、イザベル・カルドーゾ、アルベルト・バロス・〝レント〟、アントニオ・セメド〝ニューロ〟、パウロ・ヌネス

うさぎ狩り　The Rabbit Hunters

［二〇〇七年／二三分／カラー／Digital Betacam／スタンダードサイズ／韓国］

監督・撮影：ペドロ・コスタ／録音：オリヴィエ・ブラン、ヴァスコ・ペドロソ／ミキシング：ウーゴ・レイトン／出演：アルフレド・メンデス、ヴェントゥーラ、ジョゼ・アルベルト・シルヴァ、イザベル・カルドーゾ、アルリンド・セメド、アネオニオ・セメド

＊全州国際映画祭《Jeonju Digital Project 2007》で『Memories』の一編として撮られた。

タラファル　Tarrafal

［二〇〇七年／一六分／カラー／Digital Betacam／スタンダードサイズ／ポルトガル］

監督・撮影：ペドロ・コスタ／録音：オリヴィエ・ブラン、ヴァスコ・ペドロソ／編集：パトリシア・サラマーゴ／製作：ルイス・コレイア／出演：ヴェントゥーラ、アルフレド・メンデス、ジョゼ・アルベルト・シルヴァ、ルシンダ・タヴァレス

＊『うさぎ狩り』の双子のような作品。オムニバス映画『O Estado do Mundo（世界の状況）』一編として撮られた。

何も変えてはならない　Ne change rien

［二〇〇九年／一〇三分／黒白／三五ミリ／スタンダードサイズ／ポルトガル、フランス］

製作会社：ソシエダーデ・オプティカ・テクニカ（OPTEC）／監督・撮影：ペドロ・コスタ／編集：パトリシア・サラマーゴ／録音：フィリップ・モレル、オリヴィエ・ブラン、ヴァスコ・ペドロソ／音楽：ピエール・アルフェリ、ロドルフ・ビュルジェ、ジャック・オッフェンバック／製作：アベル・リベイロ・シャーヴィス／出演・ジャンヌ・バリバール、ロドルフ・ビュルジェ、エルヴェ・ルース、アルノー・ディテリアン、ジョエル・テゥー

アワー・マン　O Nosso Homem

［二〇一〇年／二五分／カラー／Digital Betacam／スタンダードサイズ／ポルトガル］

監督・撮影：ペドロ・コスタ／録音：オリヴィエ・ブラン、ヴァスコ・ペドロソ／ミキシング：ウーゴ・レイトン／編集：パトリシア・サラマーゴ／製作：ルイス・コレイア、アベル・リベイロ・シャーヴィス／出演：ジョゼ・アルベルト・シルヴァ、ヴェントゥーラ、アルフレド・メンデス、アネオニオ・セメド

＊『うさぎ狩り』『タラファル』を再編集して作られた作品。本作をあわせた三本の短編が『コロッサル・ユース』の補遺となる構成をとっている。

スウィート・エクソシスト Sweet Exorcist
［二〇一二年／三〇分／カラー／DCP／スタンダードサイズ／ポルトガル］
製作会社：ギマランイス市財団／監督・脚本：ペドロ・コスタ／撮影：ペドロ・コスタ、レオナルド・シモイショ／編集：ジュアン・ディアス／録音：オリヴィエ・ブラン／整音：ウーゴ・レイトン／ミキシング：ブランコ・ネスコフ／製作：アベル・リベイロ・シャーヴィス／出演：ヴェントゥーラ、アントニオ・サントス、マヌエル〝ティト〟フルタド、ペドロ・タヴァレス、イザベル・カルドーゾ、アントニオ・セメド
＊『ポルトガル、ここに誕生す　ギマランイス歴史地区』の一編として撮られた。

ホース・マネー Cavalo Dinheiro
［二〇一四年／一〇四分／カラー／DCP／スタンダードサイズ／ポルトガル］
製作会社：ソシエダーデ・オプティカ・テクニカ（OPTEC）／監督：ペドロ・コスタ／撮影：レオナルド・シモイショ、ペドロ・コスタ／編集：ジュアン・ディアス／録音：オリヴィエ・ブラン、ヴァスコ・ペドロソ／音楽：オイス・トゥバロイス／整音：ウーゴ・レイトン、イヴ・コヒア＝ゲーディス／ミキシング：ブランコ・ネスコフ／製作：アベル・リベイロ・シャーヴィス／出演：ヴェントゥーラ、ヴィタリナ・ヴァレラ、ティト・フルタド、アントニオ・サントス、ペドロ・タヴァレス、イザベル・カルドーゾ、アントニオ・セメド

編者あとがき

言葉の切り開く像

土田 環

一本の作品を前にして、映画監督本人の語る言葉はどのような意味を持ち得るのだろうか。映画研究に従事する者だけでなく、映画を観る人々にとって、映画監督がその作品をどのように着想し実現に至ったのかを知りたいと望むのは、その言葉が解釈の鍵を与えると信じるからではないだろうか。たとえ真実が言葉によって語り尽すことができないものだとしても、自身の映画体験に意味を付与してくれるものに期待するのである。

映画監督を招いたワークショップや大学での講義もまた、一般の観客とは異なる映画制作を志す若い人々を前にするものだとはいえ、作り手の演出手法や作品のテーマに対する思いを聞き出すことによって、作品解釈への有益な知を得ることのできるものであると一般的には考えられている。むろん、「作者の死」という概念を持ち出さなくとも、私たちは制作者と作品とが異なることを知っている。どれほど作り手の性格が良かろうが悪かろうが、作品は別個のものとして存在し得るだろう。学生に教えることの上手な教員が、すぐれた映画監督である保証はない。にもかかわらず、語る人物そのものや、その実人生を手掛かりにしながら、作品との距離を埋めようとするのだ。

その意味では、ポルトガルの映画作家ペドロ・コスタは、作品の真実を説明しない。誤解を恐れずに言えば、自身の映画の観客やワークショップに参加する学生に対して、作品解釈の鍵について語ることを拒否していると言ってもよい。語る言葉が、自らの作品を補完することはない。意味を作り手から引き出そうとしても、ほとんど無益なのだ。それは、コスタにとって映画とは、自己投影を厳しく禁じられたものであり、映画監督が解釈の「正解」を与えるものではないからだ。したがって、映画を学ぶ学生が質問しがちな、演出や技術に関する問いに対してもほとんど関心を示さない。撮る人や環境が変われば映画も異なるのであって、自身の言葉が他人の撮影に応用可能なものにはならない。

一見すれば、コミュニケーション自体を避けているのか、映画を観る者をはぐらかしていると感じる人がいるかもしれない。しかし、理解にけっして容易くない言葉が目の前に積み重ねられ、それがひとつの塊として投げかけられる時、私たちはコスタの思考の強度を避けがたく経験することになるだろう。自身の内面を言語化するのではない。他者を通してしか存在し得ない思考について彼は語り、耳を傾ける人々に対してもその思考へ参加することを提起するのだ。

太陽の光は、私の想像力とは関係なくそこにあります。太陽の光が木に降り注いでいる。そこを犬が通る。それだけですでにそこに世界が存在しているのだと思います。そしてその世界は実際に起きた現実だけではなく、想像されたものから成り立つものでもあるように思うのです。他者だけが知っているものなのかもしれない。だからこそ、私は他人が想像していることに興味があるのです。そう考えるようになってから、映画のなかでは私自身の想像力を排していくようになりました。

（講義I、本書23頁）

「いま」「この場所で」「その人物や事物」としか存在し得ぬことの奇跡。それは、自分とは無関係に世界が存在してしまうことへの驚きであり、それでもなお、その現実を肯定することの強度でもある。彼の作品がコスタ本人と分かち得ぬものだとするならば、それは、実人生の投影だからではない。世界に対する彼の真摯な姿勢そのもの、思考のあり方が、映画に刻印されるからである。そして、私たちもまた、観ることを通して他者を想像し、思考することと自体を共有しなければならない。分け隔てることのできない、ペドロ・コスタの映画、言葉と思考に向き合うことによって、彼の創造行為へ参加することになるのだ。

本書は、東京造形大学および桑沢デザイン研究所において二〇一〇年、二〇一一年、二〇一二年に行われたペドロ・コスタ監督の三回の特別講義に加えて、二〇〇四年三月に映画美学校で行われた集中講義を書き起こしたものである。後者は二〇〇五年にせんだいメディアテークで開催された、特集上映「世界へのまなざし」にあわせて編纂されたカタログに収められているが、同カタログが現在入手しづらいこと、初版から時を経てもなお色褪せない言葉を若い人々に届ける必要を鑑みて、本書に採録することにした。編者はそのすべての通訳を務めたが、今回の書籍化にあたり、監督本人に確認を取り分かりにくい部分を補いながらそのすべてを訳し直し、表記等の統一につとめた。東京造形大学をはじめとして、採録と出版を快く許諾してくださったせんだいメディアテーク、映画美学校の方々に改めて御礼申し上げたい。

　国内で刊行されている同監督の関連書籍としては、先に挙げたカタログ『ペドロ・コスタ　世界へのまなざし』（せんだいメディアテーク、二〇〇五年）、『ペドロ・コスタ　遠い部屋からの声』（せんだいメディアテーク、二〇〇七年）、『ペドロ・コスタ　Casa de Lava『溶岩の家』スクラップ・ブック』（シネマトリックス、二〇一〇年）に次いで、この『歩く、見る、待つ　ペドロ・コスタ映画論講義』が四冊目となる。『遠い部屋からの声』以降、ペドロ・コスタ関連の書籍やパンフレットの編集に携わっている衣笠真二郎さんとデザイナーの宮一紀さんとは、これまでも映画の書籍やカタログを一緒に制作してきたが、遅々として進まない編者の作業のためにまたしても迷惑をおかけしてしまった。この場を借りてお詫びしつつ、本書の刊行のために尽力してくださったことに心から感謝したい。また、オリヴェイラやコスタの作品をはじめとして、ポルトガル映画の紹介に取り組まれているポルトガル大使館のスタッフの方々、とりわけ木下眞穂さんには、表記の確認だけでなく本書の出版に際してさまざまなご協力をいただいた。その熱意に深く御礼申し上げたい。

日本におけるペドロ・コスタの活動やその紹介に私自身が携わることになったのは、身も蓋もない話をしてしまえば、ただの偶然だった。二〇〇三年一二月に東京で開催された国際シンポジウム、小津安二郎生誕100年記念「OZU 2003」で来日したペドロ・コスタに、配給会社シネマトリックスの矢野和之さん、濱治佳さんが紹介してくれたことがきっかけだった。そもそも、一回目の留学を終えて帰国したばかりの大学院生が、オリヴェイラ、侯孝賢、キアロスタミをはじめとして、世界に名だたる映画監督たちが並ぶ食事の席にどのようにして入れたのか覚えていないが、映画が好きでフランス語が少し話せるからという程度の理由だったのではないかと思う。小津と溝口の作品について、それぞれ好きなものを順番に挙げていったことを覚えている。いずれにせよ、別れ際に、ペドロ・コスタから提案されたことを引き受けたことがはじまりだった。明日時間があるならば、鎌倉にある原節子の家まで行くのに付き合ってほしい、本人に会って撮影したいわけではないが三脚を持ってきてくれないかというのが彼からのリクエストだった。

それは、明らかにペドロ・コスタの映画だった。ヴェンダースやゲリンのように、直接的にオマージュを表明するわけでもない。浄妙寺の手前にあるバス停、神社、薬局がすべてで、原節子の不在そのものによって、その周囲にある共同体《コミュニティ》を構成する要素がうまく循環しているのか、していないのかをあぶり出すような構想に思われた。これは、原節子についての映画とはならない。「ドキュメンタリー」や「旅の日記」ではなく、ある風景を前にして自身の思考が積み上げられ、「フィクション」が次第に立ち上がっていく。そのことが、誰に話すのでもない、監督の呟きを組み合わせることでうかがい知ることができた。そもそも、私たちの訪ねた家に原節子が住んでいるのかどうかさえ不確かだった。玄関口には少女が乗っていると思しき自転車があり、その持ち主らしき人物が練習する、ピアノの音が垣根越しに聞こえてくるばかりだった。コスタは何かを話すわけでもなく、ただ耳を傾け、陽の落ちる時刻まで家の周りを歩き続けていた。

結局、その企画が映画として具現化することはなかった。来日する度に、幾度となく鎌倉に通うコスタに同伴したが、断片的な言葉から私は映画を想像するばかりだった。こういう映画にしたいという説明があったことはない。それは、『何も変えてはならない』の制作現場でも同じだった。日本でもフランスでも、状況を鋭い目で観察しながら、彼は静かに思考し続けていた。各自が勝手に動く自由などあり得ない。周りにいるスタッフは、彼の思考をできる限り辿りつつ自分たちのすべきことを準備する。幾重にも描線を重ねていく作業の連続は、どの映画監督でも同じかもしれない。不思議なのは、完成した作品に残された輪郭にためらいがないということだった。撮影に参加したスタッフは皆、この線を選択する以外にその映画を成立させるものはないことを、自身もまた共有したはずだ。コスタの映画にとって、創造行為とは、あり得るべき存在の潜在的な可能性を思考しつつ、ひとつの世界を残酷にも選択することなのではないか。

本書に収められた、各回が数時間にわたる講義の通訳を引き受けることになったのもまた、それまでお世話になってきたアテネ・フランセ文化センターの松本正道さんや東京造形大学にいらした諏訪敦彦さんからの頼みを断り切れなかったという、自分から選択したのではない部分が大きかったように記憶している。本書の成立を考えれば、お声がけいただいたおふたりには感謝するばかりだが、通訳未経験者としてはひたすら当惑するばかりだった。けれども、コスタの言葉を訳して伝えることは、撮影現場で彼の思考を理解することと何も変わらなかった。というよりも、彼の前では何も変えてはならないというのが実感だった。もとより、職業通訳者でもない私に、監督の語る言葉を瞬時に日本語へ変換していく能力があるはずもない。学生には申し訳ないのだが、その場で発言のすべてを聞き取れていたとは到底言い難い。コスタにとって母国語ではないフランス語の基礎的な単語が積み上げられ、幾度となく語り直された表現が塊となって組み合わさる、それを目の前にしてただ耳を澄ますことしかできなかった。外国語を日本語に置き換えていくという考え方では、おそらく、その言葉を理解することができないのではないか。思考のあり方そのものに向かい合わなければ、語り終えた際に話全体が消えてしまう。思い出したかのように語られていることさえ、コスタの場合は話のすべてなのだ。文字通り、頭や肉体を働かせ続け疲弊することによってしかその思考を追い続けられないのだが、訳し終わった後に、それまでの世界が開けることの強度に圧倒される経験はやはりコスタ特有のものにほかならない。

あの夕闇の迫った浄妙寺の裏手で、ペドロ・コスタに同行した私と友人が原節子を見た気がしてならないと思うのもまた、それと同じ理由からだろうか。彼女があの日あの場所にじっさいにいたという意味で「現実」なのか、彼の作り上げた物語を私たちが信じているからそれは「虚構」なのか、どちらかに決めることにはさして意味がないように思われる。「現実と虚構の間《あわい》」という言い方も、両者を前提とする限りコスタには否定されるだろう。「現実」でもあり「虚構」でもある世界――そのような言い方が許されるだろうか。原節子が不在だとしても彼女は存在する、心のなかにではなくこの世界に実在する。コスタの言葉と思考は、私たちの世界を像として切り開く。

編訳者

土田環（つちだ・たまき）

映画研究者、早稲田大学理工学術院基幹理工学部表現工学科講師。

一九七六年東京都生まれ。専門は映画史・映画美学。東京大学大学院総合文化研究科博士課程単位取得満期退学。ローザンヌ大学、パリ第8大学、ローマ第3大学へ各国政府給費留学生として留学。学生時代より、内外の映画祭や企画上映、フランスやイタリアなど海外との映画製作コーディネート業務に携わる。日本映画大学を経て現職。編著書に『ペドロ・コスタ　世界へのまなざし』（せんだいメディアテーク）、『嘘の色、本当の色　脚本家荒井晴彦の仕事』（川崎市市民ミュージアム）、『ニコラス・レイ読本　We Can't Go Home Again』（boid）、『こども映画教室のすすめ』（春秋社）など。

歩《ある》く、見《み》る、待《ま》つ　ペドロ・コスタ映《えい》画《が》論《ろん》講《こう》義《ぎ》

2018年5月25日　第一刷発行
2025年8月28日　第二刷発行

編訳者　土田環
ブックデザイン　宮一紀
発行者　天野純一
発行所　ソリレス書店
〒113-0001　東京都文京区白山1-33-23-1102
電話、ファックス：03-6823-4051
info@sot-ly-laisse.net

印刷・製本　有限会社山猫印刷所

ISBN978-4-908435-00-3　Printed in Japan
落丁・乱丁本はお取り替えいたします。定価はカバーに表示してあります。

本書は、カモンイス言語・国際協力機構の出版助成制度からの支援を受けて発行された。

Título Ver, ouvir, caminhar, esperar. Conferências sobre cinema por Pedro Costa
Autor Pedro Costa

1ª. edição: 25 de maio de 2018

Edição e tradução: Tamaki Tsuchida
Design da capa e execução gráfica: Kazunori Miya
Editor: Junichi Amano / Sot-l'y-laisse Publishers
Impressão: Yamaneko Printing

Obra publicada com o apoio do Camões – Instituto da Cooperação e da Língua, I.P.

Sot-l'y-laisse Publishers
1-33-23-1102, Hakusan, Bunkyo-ku, Tokyo
Telefone / Fax. 03-6823-4051 / info@sot-ly-laisse.net